结构化写作

——让表达快、准、好的秘密

主　编　卢卓元
副主编　颜　珺　相金妮　张晓艳
参　编　武君蔚　杨丽冰

北京理工大学出版社
BEIJING INSTITUTE OF TECHNOLOGY PRESS

版权专有 侵权必究

图书在版编目（CIP）数据

结构化写作：让表达快、准、好的秘密 / 卢卓元主编. —北京：北京理工大学出版社，2019.8（2020.10重印）

ISBN 978-7-5682-7440-1

Ⅰ.①结… Ⅱ.①卢… Ⅲ.①商务—应用文—写作—高等学校—教材 Ⅳ.①F7

中国版本图书馆CIP数据核字（2019）第174971号

出版发行 / 北京理工大学出版社有限责任公司	
社　　址 / 北京市海淀区中关村南大街5号	
邮　　编 / 100081	
电　　话 /（010）68914775（总编室）	
（010）82562903（教材售后服务热线）	
（010）68948351（其他图书服务热线）	
网　　址 / http://www.bitpress.com.cn	
经　　销 / 全国各地新华书店	
印　　刷 / 涿州市新华印刷有限公司	
开　　本 / 787毫米×1092毫米　1/16	
印　　张 / 11	责任编辑 / 李慧智
字　　数 / 157千字	文案编辑 / 李慧智
版　　次 / 2019年8月第1版　2020年10月第3次印刷	责任校对 / 刘亚男
定　　价 / 35.00元	责任印制 / 李志强

图书出现印装质量问题，请拨打售后服务热线，本社负责调换

序一

这是一本好书。就个人的写作与教学实践而言,我认为的"好书"标准必须"有用、有料、有趣、有槽点"。有用的文章来自作者实践的体悟(身),有料的文章来自作者深刻的思想(心),有趣的文章来自作者有趣的灵魂(灵),有槽点的文章能启发读者引申思考。

这是一本好工具书。就个人的编撰与讲授体悟来说,我认定的"好工具书"必须包含理念/观念、方法(论)、工具(库)、案例(集)等四个重要构件。开宗明义,观念先行;形而上学,方法普适;工具高效,信手拈来;案例适切,堪为示范。

"文章千古事,得失寸心知。"挟多年的教学经验,本书诸作者总结提炼了日常各种体例写作的基本范式,文体无关、结构无异、顺序有别,提供了一套可循之蹈之的系统方法,为非文科专业的学生和写作者提供了一个入门训练范本,实在功德无量。自古"文无第一,武无第二",写作者遵循此法,不断操练,自然可以技巧纯熟,得之于心而应之于手。

文章不是简单机械的字词排列组合。"从本质上说,文字是思维的外化,一切表达出来的东西都是思维的表现形式。因此,写作的好与不好,关键还是看思维的能力或者说是思维的优劣,掌握一种高效能的思维方式是可以帮助写作发生质的变化的。"因此,如果将"结构化思维"作为先导课程,或可以倍增本书的训练效能。

就个人阅读经验而言,中文写作界最大的硬伤是逻辑混乱。不时有人戏言,"世界上有两种逻辑,一曰逻辑,一曰中国逻辑"。客观地说,除了极少数文史哲学类专业,我们所受的学历教育,大抵都缺乏专门的形式逻辑训练。初、高等教育中,仅有数学或以数学为基础的课程能提供部分逻辑思维训练,各种名称带"结构"字眼的课程也在其中。

应邀为本书作序,或许是因为恰好我本科毕业于(无线电设备)结构设计专业,业余兼舞文弄墨,忝列教席。溢美乃陋习，续貂则谮妄，诚惶诚恐。姑且作为一个习作者分享一点心得，非锦上之花，仅添枝加叶耳。

我对写作发生浓厚的兴趣，自中学始，感恩几位语文先生的启发与栽培。先生授徒以文法、章法、句法，叮嘱多读、多写，从摹写入门；兴趣导向，心有所思，书之成文；由近及远，写身边人身边事；自实向虚，先事实后引申。学生谨守此法，久而久之，渐开窍门。及长，复发现除了以文为范，音乐尤其是古典音乐，也可对作文发生潜移默化的训育作用。交响乐作品之动机、主题、旋律、节奏、变奏、配器、声量、情绪等要素构成的能量谱，与写作文章存异曲同工之妙。

当下之世，写作与阅读场景皆变，作文之法自当与时俱进。本书作者关于场景写作的见解委实独到。写作者应该预设读者，甚至可于案上立一幅典型读者的照片，俯仰之间，四目相对，心灵相通。落笔之后，如书故事，更易引人入胜（景）。如切如磋，娓娓道来，可读性自然提升。

如上做法，"亲测有效"，读者不妨一试。

通读全书，我以为或许尚有遗珠之憾者二，读者不妨自行补白。一、"篇幅规划"，就字数限定，在结构基础之上，先为各段落分配权重，以避"头重脚轻""四肢失衡"之病。二、"（小）标题法"，对于长文，贴切的小标题可以强化文章结构的清晰度，增进可读性。

读者师生或可再进一步，本书作者推介之"结构先行，砌块填充"妙法之外，可否另辟蹊径？键盘写作时代，"砌块先行，结而构之"，剪切、粘贴，似也不失为一种办法。本文即以此法写成。

至于"五四"以来，白话风行，今日青年，如何对抗粗鄙流俗，捍卫汉语言魅力，写出典雅又不失直白的好文章，还有待师生共同用心、用力。期待本书作者再有新作，另文教导。

陆亚明

西安欧亚学院通识教育顾问

深圳职业技术学院特聘教授

深圳大学传播学院客座教授

序二

结构无处不在。万物均有结构，万物也均在结构之中。

做任何事情，如果先有一个结构，即使以后会调整，也是有比无好。没有结构，容易陷入散乱、无序。有结构，会形成有力的支撑框架，结构可能一开始不会很清晰，可以在过程中进行调整。

结构化能力不是天生的，需要苦练。

我最早接触"结构"这个概念，是在毕业十多年后的2003年，当时我在苏州工作，刚进入IT行业不久，那段时间的工作经历，让我打开了两个"结"：

一个是结果导向。

一个是结构化思考。

结果导向让我的人生开始从过程管理转向注重成效，结构化思考让我的思考和表达都更加简洁有力。

现代社会，我们所面临的，不是信息太少而是过载。人的注意力也非常有限，如何在有限时间内抓住别人的眼球，阐述我们的主张，这就要求我们的表达能够做到快、准、狠。长篇大论洋洋洒洒，看似才华横溢，如果不切主题，就会让人没有深入了解的兴趣。

作为信息捕手和吸收者，我们也需要学会一眼看穿结构，快速进入陌生领域，掌握新的知识。

在方向明确、目标确立的前提下，更有益于从噪声、数据、信息中，快速提取出知识，不被万花筒般的各种信息淹没，而坚固、系统化的知识结构，如同强大的磁石，把碎片知识吸附于其中。方向和目标的重要性在于不会使知识敏感度产生严重偏离，使知识真正发挥作用。

知识碎片化的时代，我们需要培养多源头接触信息，把信息快速整合进知识框架的能力。这是一张动态之网，由诸多线索织成密密的绳结，抓起绳结则牵动知识网。知识节点会不断随着新补充的信息而刷新，而整体知识结构也跟着不断变化。

在大学里学习，参加各门课程，听取老师的讲解，练习，阅读各种书籍，都是获取知识的上佳途径，很多人也追求学习方法、读书方法，其实所谓的方法，就是结构化、归纳、整理，不断提升理解能力、概括能力，举一反三，长期训练下，可以获得学习加速度。

如果说读书是输入，那么，表达就是输出。

表达，可以说是一个现代人的基础能力，不管是在职场上还是在生活中，表达能力强的人都有更佳的竞争优势。我在高中和大学时代曾经是一个非常沉默寡言的人，毕业以后特别是进入 IT 行业以后，因为工作需要才开始刻意锻炼。我以前在清韵书院写作专栏，文风是偏华丽的，喜欢使用大量形容词，大段的铺陈描述，这种写法，对于职场来说，非常华而不实。当我掌握了结构化写作后，可以说是洗尽铅华，直指本质。

虽然我掌握了结构化写作的精要，但有时候也难免遗憾，假如是早在大学时代而非工作十多年后就学会了这些技能，该有多好，那么，我就可以更早进入结构的世界，更早获得锻炼，也会更早取得成绩。

有些人视写作为畏途，认为需要很大的毅力才能坚持，然而事实上，当你把写作视为乐趣，就不需要坚持。当我说"我从 1998 年开始真正写作"，那意味着，我已经"享受了 21 年"，而不是"坚持了 21 年"。

如果一件事需要你很费力才能坚持，那表明，你并没有多么热爱，也并没真正投入。而获得写作的乐趣，有时候就是要明白写作的关窍，比如"结构化"的写作方式，一旦进入这扇大门，就会打开一个美丽新世界。

在这本书里，详细介绍了结构化写作的方方面面，包括结构化思考的精髓，有骨有肉，有色有相。纪伯伦曾说："灵魂绽放它自己，像一朵有无数花瓣的莲花。"然而可惜，很多人并无灵魂，都像工业产品，仿佛从一个模子里磕出来，长得一样的空心人。写作其实也是让我们向内探索，构建自己的生命结构、心灵结构，打磨光华灿烂、充实丰富的灵魂。

这本书的要旨在于结构化思考、形象化表达，有方法，有工具，在大学时代就勤加练习，可以受益一生。远的不说，毕业后的求职简历，结构化写作就会派上用场。而当一个人掌握了结构化写作，这份"结构感"会延伸到其他层面。一个人的生命结构体现于其心智模式和进化速度、时间构成和产出成果、人脉构成和运用程度。结构化写作，是为这一切搭建基石。

希望这本书，也能够帮助你打开自己的"结"，从此进入结构化写作的新天地。

也祝愿读者们在这本书的帮助下，写作水平和各项能力，都能够芝麻开花节节高。

萧秋水
知识管理专家

序三

"结构化写作"真的是今天大学生需要多多练习的一课。

一旦进入职场,处处都需要结构化写作,不管你做个人介绍,还是做公司推介,还是产品介绍,还是项目汇报,甚至写一个请假条,都需要结构化写作。顺便说一句,"结构化写作"不仅仅可用于写文章,其实做PPT也是需要这种能力的。

结构化写作和今天流行的写微信公众号文章有很大的区别。

写微信公众号文章强调传播性,所以很在意文章的结构悬念互动,金句情感调动,转发福利设置,网上也有很多新媒体写作训练营、文案训练营进行这方面的培训。但是这些写作技巧或方法并不适合大部分职场写作,而职场写作反而是普通人天天面对的场合,这些场合需要"结构化写作"。简单说,结构化写作追求的目标不是情感充沛,而是明白晓畅地把事情说清楚,把观点说清楚,把逻辑说清楚。

怎样说清楚?最简单的方式,就是依据一定的文章结构去表达,这些结构如果是职场人都熟悉的表达结构,那么你的表达就更加容易为其他的职场人理解,大家更容易进行水平沟通。

但遗憾的是,在高校语文教学中,更多是文学鉴赏,对职场应用文写作重视程度不足,对学生用中文清晰表达观点和事实训练不足,以致这些孩子到了职场,连日常工作汇报都写不出要点,抓不住重点,小技能训练不足,影响整个职业生涯起步,真的是非常可惜。

所以西安欧亚学院尝试编写《结构化写作》教材,培养学生的职场文字表达能力,是非常务实的尝试。在写作过程中用结构化提纲引导学生有条理地表达观点,通过训练让学生掌握常用的表达框架,是非常有价值的事情。

我相信这是一本大学生非常需要的教材,也希望这本教材在实际应用中不断得到教学反馈,升级改进,越来越好,越来越适应中国大学教学的实际需要。

秋叶

秋叶PPT创始人

前 言

我们一直在探索一门课程，能够帮助学生学会高效表达与沟通，这种表达体现在书面上、口头上，从课程所肩负的使命来看，写作课程自然当仁不让。但是，需要一门什么样的写作课呢？

每个高校都会开设写作课程。综合型大学根据二级分院的性质会开设一些专业写作课程，比如新闻专业会开"新闻写作""基础写作"，会计、金融类会开"经济应用文写作"，实力再强一点的学校比如复旦大学会希望培养一些作家，于是有了"创意写作"，或者普通高校里都会有一门基础的写作课程，叫作"应用文写作"。

但是说到底，学校的定位会决定学生总体的培养目标，而在这个体系之下的每门课程都应该围绕这个方向去进行设计。对于一所应用型的大学而言，学生需要掌握的写作能力除了应用文写作还应该包含更多。比如，他如果进入社团，应该会写策划书；他如果进入宣传部，应该希望会写出吸引人的通稿；他如果做了教师助理，应该会进行各类教学、行政材料的归类、撰写……除此之外，最关键的是他应该更关注显性写作之外的有关自身学习、发展的一切文字处理能力。举个简单的例子，就选课这样的事情来说，会留言与不会留言直接决定了是否能选上这门课，也与学分修读直接相关，更不用说还有创新创业大赛、校内校外实习所接触的复杂的写作场景。因此，写作课程关注的不仅是学生在校这几年所学习的基本知识，更是延续到他们未来工作、生活中所需要的写作能力。

那么问题又来了。一般来说，作为通识课程的写作课，大致都只开设一个学期，学分在 1~2 个，在有限的时间、有限的学分限制之下怎么可能完成这样巨大的任务呢？

这就应该从写作的本质上找答案了。

从本质上说，文字是思维的外化，一切表达出来的东西都是思维的表现形式。因此，写作的好与不好，关键还是看思维的能力或者说思维的优劣，掌握一种高效能的思维方式是可以帮助写作发生质的变化的。

从写作尤其是理性写作本身来看，无论何种文体，大概都包括题目、起首、主体和结尾几部分，都会从主旨提炼、材料的选择与取舍、结构的安排、语言运用几部分去进行训练。这种结构化本身说明，如果我们的写作课程能够按照写作本身的逻辑进行思维训练，对于提升写作质量是十分可行的。而且这种训练本身并不针对写作的哪一种文体，而是针对写作背后的通用原理。掌握了这种原理，学生结合多年课堂知识、阅历以及天生的才情就可以对各种场景下的写作驾轻就熟，这就是《结构化写作》产生的土壤和背景。

需要说明的是，《结构化写作》更适用于理性写作，偏重于逻辑清晰地进行思考，建立结构分明的间架结构，掷地有声地说出观点，并且选择合适的材料支撑和论证自己的观点，最后用合适的文辞去包装、销售自己的产品——文字作品。要达到的目的自然是干净利索地表达自己的观点，逻辑清楚地说明理由，并且有效地说服受众获得认同。由此，学生在写作课程上获得的能力其实是一种通用能力，可以迁移到学习和工作中，甚至是生活的方方面面。

讲两个实际的案例。

一位男同学，我们姑且称之为小关吧。小关有一次因为特殊原因错过了选课时间没有选上体育课程，但是这门课程又是必修课，所以选课时间一过就在系统的后台百般请求体育老师为自己加选课程。虽然语气很真挚，态度很诚恳，老师却一直没有为他加选。恰逢结构化写作课中有一节讲到序言的表达模式，于是他重新梳理和组织了自己的语言给老师留言。他是这样说的："亲爱的体育老师，您好。在选课时间段，我因为表姐结婚请假回家，从而错过了选课时间，导致没有选上体育课。但是，如您所知，体育课程是每一个学生的必修课程，如果不能成功选上，将会导致我不能按时毕业。我已经知道由于自己的原因造成的后果很严重，同时也给老师的工作造成了麻烦。但是念在人情难却，见证表姐之人生幸福也是我的一大幸福和责任，还请老师方便时为我在系统上添加名单。真诚感谢您。"在这段表述中，有情景、有冲突，也有引起共鸣的基础，最后提出自己的愿望。这个表述自然流畅、入情入理，所以后来体育老师顺利为他加选了课程。小关在课堂上说自己之前不知道说了多少好话，但都抵不过这一段逻辑清楚,并无丝毫煽情的话。

那么职场人士呢?

很多人看过《杜拉拉升职记》这部电影。中间有这样一个片段:玫瑰本来因为跟王伟发生了一点矛盾而心情不好,这个时候杜拉拉走过去递上自己之前找好的搬家公司材料说:"这些都是我之前找好的搬家公司的材料,您定一家吧!"玫瑰翻了翻材料不客气地说:"这就是你写的材料啊?你拿这些没有加工过的材料给我看,我怎么定啊?你要把这些材料梳理、分析过后,让我做最后的决定。你的工资分我一半吗?不是啊。Don't waste my time!"说完把文件夹丢给杜拉拉就离开了。

一般的员工遇见这种事情的时候首先是腹诽,然后各种埋怨,直至可怜自己的遭遇。但是理性分析一下,老板们关心的无非是最后的结果,他们想要一个让自己省时省力同时决策权在自己的结果,如果是这样,员工为什么不能在一开始就把自己的建议说出来?当有了观点之后老板自然会感兴趣你的原因。所以,汇报有诀窍,前提是,自己得明白先说什么,后说什么。这种结构性的思路和语言组织将会成为一种重要的职场助力,不仅表现在文案撰写上,同时在职场汇报、表达沟通等方面都会起到极大的作用。

所以,从一个在校生到职场人士,不过短短几年的时间,但是一种能力的塑造却是可以影响终身的。对于这本书来说,我们希望不仅是可以帮助到在校生,而且能够帮助更多的职场人士。

本书的前言、第一章、第二章和第四章由卢卓元老师和相金妮老师编写,第三章由张晓艳老师编写,第五章为颜珺老师编写,第六章由武君蔚和杨丽冰两位老师合力编写。

最后,关于这本书的性质。你可以把它看成一本教材,因为它的确是为在校生所准备的一份"礼物"。但是,它又并不是一本严格意义上的教材。里面有编者们精心分享的一些小故事、一些感动人心的有关写作的名言,还有为文字精心匹配的图表。你可以把它当作一个良师,因为它确实在指引着我们改变思维方式,提高表达水平。同样,你可以把它当作一个益友,遇到困难时从中找到灵感和方向。你还可以把它放在案头,经常翻一翻,助力自己的学习能力和职业能力。

愿你们喜欢。

致 谢

　　这本教材能够顺利面世，首先要感谢西安欧亚学院开放的办学及教学氛围。正是因为欧亚学院一直提倡"和而不同"的原则，使得《结构化写作》有了它产生的土壤。

　　其次要感谢西安欧亚学院各位领导的支持。感谢校长助理王艳，通识教育学院副院长黄鑫，院长助理潘珊珊、段永刚为课程组提供的各类资讯和培训机会，正是因为他们对写作课程改革的不懈追求和热情关注，才有了"结构化写作"课程的诞生，同时也感谢他们对本教材编写以来所给予的各种建议和支持。

　　最后，要感谢课程组的成员卢卓元、颜珺、相金妮、张晓艳、武君蔚和杨丽冰老师。是她们利用教学和行政工作之外的时间以及寒暑假，孜孜不倦地努力，多次研讨、修改，最终编写出这本教材。还要感谢李琳琳老师，她为教材编写出谋划策，做了很多编外工作。

　　感谢你们！

目 录

第一章　根——像搭积木一样构建你的思维与写作……1
- 第一节　让结构化进入你的思维世界……………3
- 第二节　透过结构看写作与表达…………………12
- 第三节　轮到你了…………………………………22

第二章　魂——像打靶一样瞄准你的主旨………25
- 第一节　认准"统帅"，服从安排…………………27
- 第二节　找目标，定主题，巧裁新衣披上去……32
- 第三节　掷地有声的 TOPS 法则…………………38
- 第四节　瞄准靶心的 5why 分析法………………45
- 第五节　轮到你了…………………………………50

第三章　骨——像盖房子一样搭建你的文章结构…53
- 第一节　立骨的艺术………………………………55
- 第二节　SCQA——让你讲一个好故事……………59
- 第三节　行文的横向脉络——逻辑递进…………64
- 第四节　行文的纵向谱系——以上统下…………70
- 第五节　轮到你了…………………………………75

第四章　肉——像剪裁大师一样剪裁你的素材……79
- 第一节　为文需时时留心步步留意——素材的收集……81
- 第二节　用头脑风暴打开灵感泉源——素材的开拓……85
- 第三节　用思维导图建造大脑图书馆——素材的整理与创新…90
- 第四节　削尽冗繁留清瘦——素材的编辑…………96
- 第五节　轮到你了…………………………………103

第五章　色——像微雕大师一样雕琢你的语言……107

　　第一节　落霞与孤鹜齐飞——文字的表达张力……109
　　第二节　删繁就简三秋树——语言的准确度……114
　　第三节　一言之辩重于九鼎之宝——语言的说服力……122
　　第四节　轮到你了……132

第六章　你想要的都在这里——写作的奇妙世界……135

　　第一节　三分钟让全世界记住你的美……137
　　第二节　耍得了嘴皮子还要玩得了笔杆子……139
　　第三节　御前秘书，先从汇报工作开始……141
　　第四节　成为校园的敏感捕手……143
　　第五节　一封邮件，高低立判……145
　　第六节　这些产品，都是这样推销出去的……147
　　第七节　我们都是生活的热爱者……149
　　第八节　不做辛苦一年回到解放前的人……153

参考文献……157

第一章

根——像搭积木一样构建你的思维与写作

　　思想家帮助人们进行思维,因为他们给别人定下了思维的方式。没有哪一个人能闭门独自写作或思维——思维是无形的,但是为了创造出有形的具有时代气息的东西,就有必要将思想表达出来。

——哈伯德,美国幽默家

第一节
让结构化进入你的思维世界

春秋战国时期，我国有一位发明家叫鲁班。两千多年来，他的名字和有关他的故事，一直流传至今，后世工匠都尊他为祖师。

鲁班大约生于公元前507年，本名公输般，因为"班"与"般"同音，而且他是春秋战国时代鲁国人，所以人们称他为鲁班。他主要从事木工工作。那时人们要使树木成为既平整又光滑的木板，还没有什么好办法。鲁班在实践中留心观察，模仿生物形态，发明了许多木工工具，如锯子、刨子等。鲁班是怎样发明锯子的呢？

相传他有一次进深山砍树木时，一不小心，脚下一滑，手被一种野草的叶子划破了，渗出血来。他摘下叶片轻轻一摸，原来叶子两边长着锋利的齿，他用这些密密的小齿在手背上轻轻一划，居然割开了一道口子。他还看到在一株野草上有只大蝗虫，两个大板牙上也排列着许多小齿，所以能很快地磨碎叶片。鲁班就从这两件事上得到了启发。他想，要是有这样齿状的工具，不就可以很快地锯断树木了嘛！于是，他经过多次试验，终于发明了锋利的齿状工具，大大提高了工效。鲁班给这种新发明的工具起了一个名字，叫作"锯"。

资料来源：http://www.ruiwen.com/gushi/1279973.html

以上是一则鲁班发明锯子的故事，也是一则自然界中结构在生活中得到应用的故事。从这则故事中就可以看出结构的魅力所在，但是结构的魅力绝不仅仅局限于此。

一、结构的魅力

（一）什么是结构

道家云："道生一，一生二，二生三，三生万物。"这其实说的就是一种规律和结构，而结构可以说是万物之本。大到宇宙星系，小到颗粒尘埃，无论是高楼大厦、动物与植物、机器与网络、思想与观念、人与社会，任何事物都有其特定的结构，这些事物也是通过其特定的结构来体现其存在的价值和意义。

那什么是结构呢？王琳、朱文浩的《结构性思维》一书中认为对于"结构"一词，其实并不需要进行过多解释，因为这个词对大家来说并不陌生。在学生时代，我们就接触过各种各样的结构，如地理学科中的地质结构，生物学科中人体骨骼的结构，政治学科中关于社会的结构，还有化学学科和物理学科中的物质结构、分子结构、原子结构等。

所以，"结构"可以定义为：事物的各个组成部分之间的有序搭配或排列。实际上，"结构"所关注的就是整体与部分的关系。

（二）结构无处不在

因为世界上万事万物都是由部分组成的整体，都离不开部分和整体这两个概念，所以可以说世界上的万事万物都有其自身的结构，包括物质的、非物质的。自然界中有很多美妙的结构，如蜂巢、树枝、雪花，以及我们居住的房屋（如图1-1所示）。

图1-1 蜂巢、树枝、雪花、房屋结构示意图

这些结构并不是偶然形成的。蜂巢的结构坚固，节省材料，通风透气；树枝的发散性结构为树叶的生长提供了尽可能大的空间；雪花是由空气中的尘埃引起水分子层层凝结而形成的，每片雪花的形状及结构各不相同，是大自然美丽的杰作；而人类居住

> 写作而没有目的，又不求有益于人，这在我是绝对做不到的。
> ——列夫·托尔斯泰，俄国作家

的房屋结构更是历经了上千万年的发展演变而来,为庇护人类发挥着重要的作用。

大自然中形形色色的结构也给我们带来了无限的遐想空间和创造灵感。在日常生活中,存在大量受到自然界中经典结构启发而创造的新事物,这些事物是美妙结构的延伸。比如人们巧妙地利用了蜂巢的结构原理,将其应用在了产品设计、家居设计、建筑设计等领域。我们熟悉的国家体育场"鸟巢"和国家游泳中心"水立方"也是从自然界的经典结构中获得灵感的特别典型的代表(如图1-2所示)。

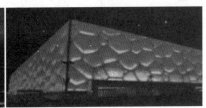

图1-2 鸟巢和水立方夜景图

对于鸟巢,通过其名字就可以知道它的灵感从何而来了;而对于水立方,从图1-2中可以看出其特别像蜂巢。

除了建筑方面的应用,自古以来,自然界的各种结构一直是人类各种技术思想、工程原理及重大发明的源泉。鱼儿在水中有自由来去的本领,人们就模仿鱼类的形体造船,以木桨仿鳍。相传早在大禹时期,劳动人民根据对鱼在水中通过摇摆尾巴而游动、转弯的观察和模仿,在船上架置了橹和舵,从而增加了船的动力,掌握了使船转弯的方法。

结构除了在自然界中随处可见外,在社会领域中也无处不在。小到家庭,老人、孩子,有结构;中到企业,领导、员工,有结构;大到社会,顶层、基层,有结构。

二、结构化思维

(一)思维也有结构

在物质世界,人们通过结构来认识物质。结构构成了世界,人们也是不断地通过对事物结构的认识来加深对事物的了解和体验。在思维世界,人们也同样通过结构来认识事物,认识其中的规律和美。举个例子,俗话说"外行看热闹,同行看门道",同行与外行的差别就在于是否具备这个行业的思维结构。比如,你听音乐可能就听个好听还是不好听,但专业人士就会听出和声、旋律、节奏、音长和音强等。因为音乐本身就是通过声音长短强弱有规律的不同组合形成节奏,节奏也是音乐的基础结构,节奏再加上音高的不同组合就形成了旋律,旋律再加上音质的不同组合又形成和声。这些要素层层构成了整个音乐的结构,所以专业人士听音乐,听的不仅是好听不好听,更可以品味出其中无限的美感。

(二)什么是结构化思维

通常,在对一件事物进行全面了解的时候会从是什么(what)、为什么(why)、怎么样(how)这三个方面来展开,俗称2W1H,这是一种结构;从why(为什么?为什么要这么做?)、what(是什么?做什么工作?)、where(何处?在哪里做?从哪里入手?)、when(何时?多久能完成?什么时间做?)、who(谁?由谁来承担?谁来完成?谁负责?)、how(怎样做?如何提高效率?如何实施?方法怎样?)、how much(多少?做到什么程度?数量如何?质量怎样?)这五个方面来展开,俗称5W2H,这也是一种结构。

再者,任何故事和剧本的结构都具备开头、中间和结尾。这是自人类围篝火讲故事或者在石壁上创作洞穴壁画时就采用的结构:搜寻猎物(开头),对抗猎物(中间),打败猎物(结尾)。这种三幕式结构是大多数影片所遵循的最基本、最纯粹的结构,有开端、有冲突、有解决方案。而四幕式结构,五幕式结构,电视剧采用的七幕式结构以及其他许多结构都只是对三幕式结构的补充。

此外,秋叶(张志)在《轻松学会独立思考》一书中曾经提过这样一个案例:

小芳是一名大四的学生,她看到同学们都纷纷开始准备实习或者考研,不禁陷入了思考:"考研?就业?我也必须行动起来。但是我该考研还是该就业呢?我不太想读研究生,这样我是不是也要找个单位实习一下,那样我就要花很多时间去准备简历了。

要不我问一下别人的意见……哎，我不考研真的好吗？"

这样的场景是不是很熟悉？关于一个问题瞻前顾后，想了很多理由，也想了很久，却依然没有想出答案，核心的问题就在于没有"思考结构"就会被越来越多的信息或事实所包围和困扰，难以决策和行动。关于要不要实习，秋叶在书中给出了这样一个"思考结构"（如图1-3所示）。

我的优势（strength）	我的劣势（weakness）
有能力完成大四学业 性格外向，愿意接触社会	缺乏实习工作需要的职场能力 没有实习工作的经验
我的机会（opportunity）	我的威胁（threats）
大四有大量空余时间 有大量企业提供实习机会	找到的实习单位和就业方向可能不匹配 实习可能占据大量时间，耽误自己的考研复习计划

图1-3　SWOT分析图

这个"思考结构"叫SWOT分析，有了这个结构小芳就更容易做出决定。可见结构化思维可以让我们在思考时变得更有条理，从而可以快速分析问题、解决问题，并得出结论。

还有，作文课堂上，老师教给学生作文五步法，最终给出了如下的总结结构图（如图1-4所示），而这种结构则是思维导图。思维导图是通过树状的结构来呈现一个思维过程，将放射性思考（radiant thinking）具体化的过程，主要是借助可视化手段促进灵感的产生和创造性思维的形成。

最后，芭芭拉·明托的《金字塔原理》一书中的金字塔结构更值得我们一提（如图1-5所示）。《金字塔原理》旨在阐述写作过程中的组织原理，提倡按照读者的阅读习惯改善写作效果。因为主要思想总是从次要思想中概括出来的，文章中所有思想的理想组织结构就必定是一个金字塔结构——由一个总的思想统领多组思想。在这种金字塔结构中，思想之间的联系方式分成了纵向和横向两种结构。纵向结构上，每一组的观点都必须是其下一个层次观点的概括；横向结构上，每组各个观点互不重叠且有一定的逻辑顺序。这就构成了一个严谨的结构。通过这样的方式，人们在思考时，就可以在大量复杂的信息中，用最短的时间明确方向、锁定所需要的信息。人们在沟通问题的时候，就可以让听众

为了写得好，必须充分地掌握题材，必须对题材有足够的思索，以便清楚地看出思想的层次，把思想构成一个联贯体，一个连续不断的链条。

——布封，博物学家、作家

写作的人像画家不应该停止画笔一样,也是不应该停止笔头的。随便他写什么,必须每天写,要紧的是叫手学会完全服从思想。

——果戈里,作家

迅速抓住自己要表达的主旨,帮助听众沿着自己的思路去理解内容,提高沟通的效率和效果。

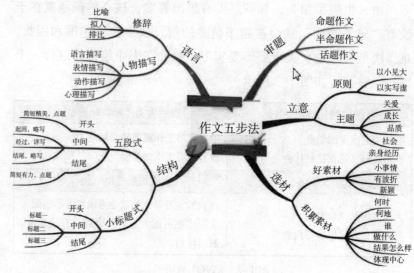

图 1-4　作文五步法思维导图

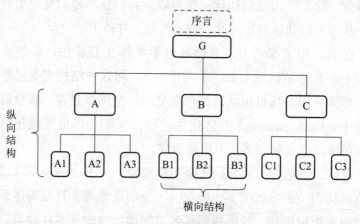

图 1-5　金字塔结构

凡此种种,诸如鱼骨图、决策树等都有其一定的逻辑结构,并且结构存在于每个整体与局部关系的无穷变化中,每个局部表现整体,而局部的意义又由整体来决定。因此,所谓结构化思维,是指人们在认识事物的过程中,从逻辑结构的角度出发,利用整体和部分的关系,有序地思考,从而更清晰地表达,更有效地解决问题的思维方式。

（三）为什么需要结构化思维

在工作、生活和学习中，你是否碰到过下面三种情况：遇到事情想不明白，与人谈话或写文章时说不清楚，学习新知识或新技能时掌握得慢？

1. 分析时想不明白。

场景：王小雅的"大"事干砸了

王小雅离开学校进入公司也有半年了，领导净给她安排端茶、倒水、打印的"小"事儿。王小雅十分郁闷，天天盼着领导给自己安排"大"事儿，也不枉16年的寒窗苦读。盼星星、盼月亮，终于领导通知要布置"大"任务了，王小雅兴奋地走进了领导办公室。领导正在打电话，看起来很忙。看到王小雅来了，领导用手掌盖住话筒，转过身对王小雅说："小雅，公司缺一个书柜，你去采购下。有什么问题吗？"看到领导这么忙，王小雅连忙点头答应说："好的，没问题。"转身离开领导办公室，着手准备去采购书柜时，王小雅傻眼了。应该买个什么材质的书柜？多宽、多高、多少层呢？什么时候要呢？多少钱？可以网上采购，还是只能去家具城买？这些细节问题当时都没想起来跟领导沟通啊！领导那么忙，现在再过去问又怕领导质疑这点事都办不好，以后怎么做更"大"的事？小雅纠结了！

这种场景你似曾相识吗？你是不是也陷入过类似的困境，在接收客户、领导或老师的任务时，没能第一时间全面考虑任务的原因、背景、内容、地点、时限要求、团队人员以及任务的预算？

2. 表达时说不清楚。

场景：宋国盛的电梯太"快"了

一个下晚自习的晚上，已经读研二的宋国盛拖着疲惫的身体走到10楼的电梯口。"叮"，电梯门开了，是导师王老师。"最近在忙什么啊？"王老师问道。"最近做了……"宋国盛滔滔不绝地说起来，但一个课题的背景还没有介绍完，电梯就到了，这10楼的电梯之旅怎么这么短！"再见。"王老师出了电梯。但宋国盛还有千言万语没来得及说，只介绍了一个课题背景，还没介绍自己的辛勤成果呢！

你对宋国盛的表达满意吗?这种感觉你熟悉吗?给你有限的时间,你怎么在这有限的时间内表达得言简意赅?

3. 学习时学得不快。

场景:刘克勤的白用功

刘克勤是个用功的孩子,天天挑灯夜战,但是考试成绩在班上排名总是不理想。每次考试前,老师问刘克勤复习得怎么样了,刘克勤不知道如何回答。看了好几遍书,也做了很多题,可是到了考试,刘克勤总感觉很多题目是新的。仅仅几百页的书,自己觉得其中的内容却是无穷无尽的,考试的时候只能碰运气。有的同学平时也不比自己用功,考试分数却比自己高很多。

不知道你的成绩怎么样,诸如刘克勤的这种无奈你是否也感同身受呢?如果这种场景你也经常遇到,是你比别人笨,还是有其他的原因呢?

上面的典型场景,有些你可能碰到过,有些可能没碰到过,不过这不是关键,关键是你能通过这三类典型场景意识到结构化思维不足的危害:想不明白、说不清楚、学得不快。

究其原因是他们在传递信息时都没有构建一个有效的结构。如果没有结构,我们的思维就很容易从一点跳到另一点,却总也无法得出一个有效结论。没有结构,事情就会变得非常复杂,让人瞻前顾后、犹豫不决。没有结构,问题就会像洪水一样试图一股脑儿地冲进你的脑海中,难以把握问题的关键。

然而,结构化思维正好可以帮助人们构建一个结构,在表达核心观点的基础上,有理有据、条理分明地证明这个观点,使我们能够做到清晰思考和有力表达。

《结构思考力》一书认为结构化思维作为一种解决问题的思维工具,它所适用的范围不仅仅局限于解决职场中的问题,这种思维同样是高校学生急需提升的核心能力(如表1-1所示),在人们思考、学习、写作、表达等方面都起着非常重要的作用,帮助高校学生成为适应未来需求的善思、善学、善写、善沟通的优秀人才。

表 1-1 是否具备结构化思维的差别

类别	具备结构化思维	不具备结构化思维
思考	迅速抓住主要矛盾，忙而不乱应付任何问题	瞻前顾后，难以割舍，犹豫不决
学习	快速搭建知识架构，学习系统而全面	知识零散不成体系，不会学以致用
写作	主题明确，结构严谨，层次清晰	找不到重点，结构混乱，大量文字堆砌
沟通表达	语言准确，思路清晰，能快速总结说话要点	很难把想要表达的思想在短时间内表达清楚

••• 本节小结 •••

本节以导入性的内容为主，主要阐述了以下几点：

1. 万事万物都是有结构的，结构是事物的各个组成部分之间的有序搭配或排列，需要关注的就是整体与部分的关系。

2. 思维也是有结构的，结构化思维是指人们在认识事物的过程中，从逻辑结构的角度出发，利用整体和部分的关系，有序地思考，从而更清晰地表达思想，更有效地解决问题的思维方式。

3. 结构化思维作为一种解决问题的思维工具，可以帮助人们构建一个结构，在表达核心观点的基础上，有理有据、条理分明地证明这个观点，使我们能够做到清晰思考和有力表达。

第二节
透过结构看写作与表达

不想就不能写，不写就很难想得明确周全。
——朱光潜，美学家

艾米向学生会会长写了一段关于面试结果的文字："今天面试的学生A君，有一定逻辑思维能力，也比较有上进心。有相关的实践经验，但深度不够，而且笔试题做得不是很好。专业知识可能不足，但面试看得出学习能力还可以。不过基本的岗位技能还是具备的。他对学生会比较了解，对学校理念也比较认同。"

会长看后一头雾水，不知道艾米的表达目的是什么。而和艾米一起参加面试且担任面试官的李乐看了这段文字，很快做了修改：

"今天面试的学生A君，综合考虑建议入选，理由有三：

1. 具备较好的学习能力与逻辑思维能力，且对学校理念认可，有上进心。

2. 缺点在于经验及专业知识稍有不足。

3. 结合学生会提出的需求，虽不能完全达到岗位要求，但依据学生会现状，可进行长期培养使用。"

会长看后豁然开朗，连连称赞李乐的表述目的明确、思路清晰、表达准确。

通过艾米与李乐的文字比较，孰优孰劣一目了然，能力高低也自见分晓。李乐修改后的文字能得到会长的赞赏是因为她的文字表达背后有一个隐性的逻辑结构，或者说她是运用了结构化的写作与表达结构。

一、结构化写作

（一）写作也有结构

相信大家都听过杨修和曹操之间的故事吧？其中有这样两个著名的故事。

一个是关于"一合酥"的故事。塞北进贡给曹操一盒酥，曹操在盒上写了"一合酥"三个字放在案头。杨修见了，竟然取勺子和大家将酥吃完了。曹操问其原因，杨修回答道："盒上写明'一人一口酥'，丞相之命怎敢违反？"

还有一次，曹操造了一所花园。造成时，曹操前去观看，没有夸奖和批评，就叫人取了一支笔在花园门上写了一个"活"字便走了。大家都不了解其中的含义。杨修对工匠们说："'门'添活字，就是'阔'字，丞相嫌你们把花园门造得太大了。"于是工匠们重新建造园门，完工后再请曹操去观看，曹操很喜欢。

文字、语言有结构，那写作亦不例外。

陈君华《写作高分应试教程》中有这样一个案例：

我们中小学都要考作文，其他许多考试如公务员、TOEFL、雅思、MBA 等也还要考作文。为什么作文成为如此普遍的一种考试形式？也即，为什么要考作文？请写 200 字左右的一个段落来回答这个问题。

下面是参考范文：

为什么要考作文？因为作文考试最能全面准确地测试出考生的综合素养。比如，一个人的知识水平、阅读积累、思想底蕴、精神境界、思维水平、表达能力等就都可以通过作文测试出来，甚至还可以看得出他的道德观、人生观和世界观。总之，正如古人所说的"文如其人，人如其文"，一篇文章最能反映一个人的整体面貌。相反，别的数学、物理、英语等任何单科的测试，都难以达到这样"知其人"的效果。所以，古代的科举考试，一篇文章定终身，是相当有道理的。

这段参考范文有什么写作技巧值得人们学习？它背后有什么样的写作结构呢？

其实，仔细推敲这段文字，其背后运用了表 1-2 的写作结构："总分总 + 正反合"。

表1-2 "总分总 + 正反合"的写作结构

引论		
	正	总
		分
		总
	反	
	合	

用结构框架来表示，上述"范文"如下：

引述	为什么要考作文	
论证	正面论证	总论	因为作文考试最能全面准确地测试出考生的综合素养
		分论	比如，一个人的知识水平、阅读积累、思想底蕴、精神境界、思维水平、表达能力等就都可以通过作文测试出来，甚至还可以看得出他的道德观、人生观和世界观
		总论	总之，正如古人所说的"文如其人，人如其文"，一篇文章最能反映一个人的整体面貌
	反面论证		相反，别的数学、物理、英语等任何单科的测试，都难以达到这样"知其人"的效果
	合		所以，古代的科举考试，一篇文章定终身，是有道理的

可见，写作结构是文章的整体框架、内部构成及逻辑顺序，它能够将人们的隐性思维显性化。朱光潜说："不想就不能写，不写就很难想得明确周全。"所以，只有具备结构化的思维能力，才能进行结构化的沟通与表达。

一般情况下，文章包含纵向结构和横向结构。纵向结构包括"总—分—总""总—分"或"分—总"等形式。在"总—分—总"这种纵向结构中，文章一开始就提出主题，确立全文论述的中心，接着对主题进行详细阐述，最后再一次回归主题，前后照应。与纵向结构相比，文章的横向结构更为复杂。横向结构一般被称作"层次"，又叫"逻辑段""结构段"或"部分"，表现了文章内容的编排次序。它常由若干自然段组成，是作者在文章中进行思路展开的步骤，是事物发展的阶段性，客观矛盾的各个侧面，人们认识和表达问题的思考进程在文章中的具体反映。一般来说，结构在文章中是隐蔽的，读者从外在形式上看不到任何标志，但可以通过对文章内容的准确理解而发现它。

（二）什么是结构化写作

既然"结构"是各个组成部分之间的搭配和排列，所关注的是整体与部分的关系。那么，一篇文章同样具有结构的属性，即文章的各个部分（要素）之间要互相搭配和组合。还可以形象地将文章的结构理解为"骨架"，外在表现形式是结构，背后反映的其实是作者行文或对问题进行分析思考的逻辑思路。

文章若具备了好的结构，呈现出来会框架清晰、逻辑严谨、主题突出、观点明确。反之，文章若缺乏好的结构，表现出来则会思路散乱、主题不明、观点模糊、毫无逻辑。

到底什么是"结构化写作"呢？根据前面结构化思维的定义，可以为结构化写作这样下定义：结构化写作是人们在处理问题或者进行写作的过程中，从结构的角度出发，利用整体和部分的关系，采用结构化的方法和步骤，有序地思考，进行更有效地沟通与表达的方式。学习、生活、工作中的沟通与表达，更为重要的不是优美华丽的辞藻，而是准确高效的书面表达，能让对方一目了然地看清行文结构，看出你想要表达的核心思想。很多时候，人们手中不是缺少素材，而是面对海量的素材却不知如何将它们有效地组织起来。结构化写作就是一把帮助大家提炼与组织"素材"的利器。它可以帮助高校学生或者职场人士快速梳理写作思路，构建行文框架，有效地组织信息以及素材，最终形成主题鲜明、条理清晰、重点突出、层次分明、逻辑严密的文章，如总结、公文、报告、方案或邮件等。

结构化写作更适用于理性写作或者逻辑性写作，虽然在形式上是在讲写作的方法和技巧，但底层逻辑依然是帮助人们对自己原有的思考结构进行反思，并能够构建结构化的思维模式，进而通过结构化的方式进行思考和表达。所以说结构化写作首先要把关于主题的思路理清楚，然后才有可能在写作的时候做到逻辑清晰、语句通畅。

在具体实践中，无论是分析问题还是沟通、表达，大家首先要建立起"先框架后细节，先整体再局部，先重要再次要，先结

观察与经验和谐地应用到生活上就是智慧。
——冈察洛夫，俄国作家

果再原因"的结构化思维模式。在动手写作之前，先确定文章的主旨，梳理论证要点，对文章的谋篇布局进行构思，在大脑中搭建起清晰合理的结构，理顺思路，最后才是组织语言完成写作。

相信很多人经常听到身边的人（同学或者同事）关于写作的抱怨，他们说得最多的就是"完全没有头绪""一点思路都没有""不知从哪里入手"。没头绪、没思路、无法入手主要有三个原因：一是本身就没有把问题想清楚，因此写不出来也在情理之中；二是自己想清楚了，但不知道如何清晰地表达出来，让别人也清楚；三是自身大脑输入不够导致无法输出。如果再进一步分析，更深层的原因则是因为对原有素材或者已有信息缺少有效的思考框架。而结构化写作恰恰提供的是一些逻辑性、可操作性都很强的思考与逻辑框架，在这些框架的指引下，相信高校学生或者职场人士都能有效而快速地厘清头绪、梳理思路。

二、"从结论说起"的表达结构

从王世民《思维力：高效的系统思维》中的一个例子来理解"结论先行"的表达结构吧。以下是《非你莫属》节目中的面试者陈运腾的自我介绍：

大家好，我叫陈运腾。我是一个知识面广、思维活跃的人。

我的学习经历分为两段。我目前是北京工业大学一名研三的学生，读的是经管学院的管理科学与工程。我本科毕业于哈尔滨工业大学数学与应用数学专业。

我个人喜欢阅读各方面的书籍，其中在三个方面尤为擅长：第一是历史方面的；第二是天文方面的，包括宇宙大爆炸等；第三是写诗。

我今天应聘的是咨询类、管理类和市场类的岗位。选择这三类岗位的主要原因有三点：①这三个岗位我觉得比较擅长；②我喜欢给别人提一些建议；③我的思维比较善于创新，能够采用逆向思维的方式解决别人眼中困难的问题。

以上这段自我介绍呈现出一个清晰的金字塔结构，如图1-6所示。

写作的艺术，不在于知道写什么，而在于知道不该写什么。
——列夫·托尔斯泰，俄国作家

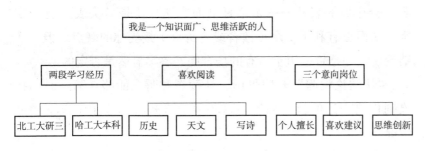

图 1-6　自我介绍的金字塔结构

表达的时候,最顶层观点先行,即"我是一个知识面广、思维活跃的人",给受众一个统领性的自我评价。

接下来的表达按照自左向右、自上而下的顺序逐次对"我是一个知识面广、思维活跃的人"从三个方面即学习经历、喜欢阅读、意向岗位一一进行说明。

首先从图 1-6 中金字塔第二层最左边的学习经历说起,陈运腾在自我介绍中给出明确的要点"我的学习经历分为两段"。再按照自上而下的顺序,分别介绍了自己硕士的院校和专业,以及本科的院校和专业。通过介绍硕士的管理科学与工程专业,本科的数学与应用数学专业,给听众留下多专业交叉背景的印象,从而解释"知识面广、思维活跃"的要点。

然后介绍金字塔第二层中间的个人爱好部分,介绍中以"个人喜欢阅读各方面的书籍"为明确论点,进一步支撑"知识面广、思维活跃"的顶层要点。并进一步向金字塔下一层展开,介绍了对历史、天文和写诗等三个方面尤为擅长,强化了知识面广、文理结合、均衡发展的个人特点。

最后介绍金字塔第二层最右边的求职意向部分,依然明确地抛出"我今天应聘的是咨询类、管理类和市场类的岗位"的论点,同时按照自上而下的顺序展开金字塔的第三层,说明选择这几类岗位的三个主要原因:一是个人觉得擅长;二是个人喜欢给别人提建议;三是思维善于创新,能解决难题。

像这样,从结论说起,是不是观点更明确、表达更清晰呢?

(一)适合"从结论说起"的场合

如上所述,"从结论说起"的表达呈现为金字塔结构,在表达时"从结论说起",并按照从左往右、自上而下的顺序进行说明，会让你的表达——无论是书面表达，还是口头表达更为明确，从而更有利于受众（读者或者听众）接受你的观点。但"从结论说起"是否适用于所有的场合呢？答案显然是否定的。

"从结论说起"开门见山，让读者和听众能够在第一时间接收到你要表达的核心内容。这种表达方式特别适用于以下两种情况：

第一，信息复杂，以突出结果为主要目的，包括毕业论文、总结、公文、邮件写作，项目成果的汇报，月度、年度工作汇报等。

第二，时间紧迫，需要在极短的时间内用一句话说清楚一个观点、一件事情。

信息复杂且以突出结果为主要目的场合一般都是为了向受众传递一个明确的观点，并说明这个观点是如何推出的。采用"从结论说起"的表达形式符合人们接收信息的习惯，也便于你的观点被别人理解和接受。

时间紧迫或者因为时间限制，你没有足够的时间或者受众也没有足够的时间，这种情况下"从结论说起"也是一种非常高效的表达形式，便于你在极短的时间内将自己的思想归纳为一句话作为表达的主要观点，避免了先铺垫后结论的习惯，直接抛出结论，从而提高沟通效率。

现在给大家看一个例子：假如你是年级团委书记，团委决定下午3点召开会议，但早上你收到了秘书的邮件：

团委书记您好！A同学说他临时有课，3点钟无法参加会议了。B同学说他晚一点开会没关系，明天再开也可以，但10点30分之前不行。可是会议室明天已经被别人预订了，但星期四是空着的。副团委书记说他明天需要很晚才能从实训基地阎良赶回来。我建议把会议的时间定在星期四的11点比较合适，您看行吗？

你看完之后有什么感受？没错，一个字"乱"，你可能会想：这个秘书该换了。但是，今天你心情比较好，希望点拨一下这位秘书，告诉她这份邮件不能这么写。如果给你3分钟的时间，把上述现有的内容表述清晰，信息相对完整，语言符合沟通语境。你觉得邮件中最主要的语句到底该如何表达才不乱呢？

参考答案：

我们可以将今天下午 3 点的会议改在星期四上午 11 点开吗？因为副书记、A 同学和 B 同学都可以参加，并且本周四会议室还能预订。

或者还可以这样概括：

我们可以将今天下午 3 点的会议改在星期四上午 11 点开吗？因为参会人员都可以参加，并且本周四会议室还能预订。

这两段话的表达结构都是先说结果再说原因，并且对原因还进行了分类，即人和会议室两类原因，甚至对人的归类按照职务顺序还进行了排列。这种以突出结果为主要目的表达方式，目的明确、逻辑清晰、表述清楚，效果可见一斑。

（二）慎用"从结论说起"的场合

结论先行、明确目标、表明观点是结构化写作的核心所在，也是高效沟通、有力表达的关键因素。虽然"从结论说起"的表达结构是一种高效的表达方式，但这并不意味着它适用于所有场合。

在某些生活场景中不应该或者不能够"从结论说起"的情况下，采用"从结论说起"的表达形式会适得其反。例如：

邻居家的小孩嘟嘟是个小学生，你从别人口里得知嘟嘟经常逃课、骂人、欺负小朋友等。出于对嘟嘟的关心及未来成长的担忧，你很想向嘟嘟妈妈说明嘟嘟的真实情况，请她对嘟嘟多加管教，以免嘟嘟将来会走弯路。那你会怎么说呢？

假如你采用"从结论说起"的表达形式，直接对邻居说："嘟嘟妈妈，你们家嘟嘟现在坏透了，再不多加管教的话，将来肯定会走弯路的。"然后看看嘟嘟妈妈的反应，再进一步提供证据。

假如你这么说，要点确实很明确，嘟嘟妈妈也绝对能理解你的意思，但是结果呢？一种可能是尽管嘟嘟妈妈比较通情达理，可她也依然会脸色发青、强忍怒气回你一句："我知道了，谢谢你的提醒！"然后在心里默默地将你已经拉入了黑名单；还有一种可能就是嘟嘟妈妈本就不明事理，那么你将会迎来一番劈头盖脸的痛骂，接下来你们就形同路人了。总之，无论是哪种可能，

要想工于运笔，就得勤于练习。
——爱比克泰德，古罗马哲学家

写作的技巧，其实并不是写作的技巧，而是……删掉写得不好的地方的技巧。

——契诃夫，俄国作家

你都没有机会陈列嘟嘟的"光荣事迹"来证明你的观点。

这种情况下，往往采用"话留三分，巧说为妙"的表达方式，可能效果会更好些。

你不妨这么跟嘟嘟妈妈讲："嘟嘟这个孩子挺招人喜欢的，不光脑瓜子灵活，动手能力也特强！"讲完后停一会儿，留点时间让嘟嘟妈妈想想。

"哪有哪有，这个孩子调皮死了！"嘟嘟妈妈极有可能这么回复你。

这时你就可以抓住机会表达自己真正想说的："男孩子嘛，调皮是蛮正常的，不过嘟嘟确实比一般小孩调皮！我听说他在学校逃课、骂人、欺负小朋友。虽说都是些淘气的小事，但如果能够提醒并监督孩子改一改，可能就更好了！"

相信说到这里嘟嘟妈妈已经完全明白了你的意思。但是效果跟你之前的"从结论说起"就完全不同，她不但会虚心接受你对嘟嘟的投诉，心里说不定还会对你万分感激呢！

中国传统文化博大精深，大家在学习"硬的表达逻辑"时，也千万别丢了老祖宗传下的"软的表达智慧"。

李忠秋在《结构思考力》一书中分享了一个故事：有一位小朋友在上学的路上救了一位落水的同学，到学校后不但被学校表扬，而且被评为见义勇为小英雄。接下来的故事却发生在中国老师和美国老师给家长打电话的差别上。中国老师会这样打电话：

中国老师：喂？您好，请问是小明的家长吗？

孩子家长：是啊。

中国老师：我是他的老师，今天早上你家孩子在上学的路上，路过了一条河……

孩子家长：然后呢？

中国老师：河水非常湍急，这个时候他的一个小伙伴一不小心就掉到河里去了……

孩子家长：然后我家孩子怎么样？

中国老师：他非常勇敢，跳到河里去救他的小伙伴……

孩子家长：然后呢？

中国老师：然后他顺利地把小伙伴救了上来，学校评他为见义勇为小英雄，所以今天打电话是想恭喜您一下。

如此表达方式，想必这个接电话的家长早已被吓得完全疯掉了。可美国老师会怎样打电话呢？

美国老师：喂？您好，请问是小明的家长吗？

孩子家长：是啊。

美国老师：我是他的老师，今天打电话是想恭喜您小明在学校里被评为见义勇为小英雄……

而这种表达方式，则一定会让这位接电话的家长感到无比的骄傲与自豪。

一般来说，在传递坏消息、讲故事等需要从缓到急或制造悬念的场合都要慎用"从结论说起"的表达形式。

本节小结

本节以概念性的内容为主，主要阐述了以下几点：

1. 写作也有结构，它是文章的整体框架、内部构成及逻辑顺序，能够将我们的隐性思维显性化。

2. 结构化写作就是人们在进行写作的过程中，从结构的角度出发，利用整体和部分的关系，采用结构化的方法和步骤，有序地思考，进行更有效的沟通与表达的方式。

3. 从结论说起的表达结构有利于受众接收要点，但并不适用于所有的场合。

> 写完后至少看两遍，竭力将可有可无的字、句、段删去，毫不可惜。
> ——鲁迅，思想家、文学家

第三节　轮到你了

1. 针对本章的主要内容及核心知识点，请画出金字塔结构图或者思维导图。

2. 为什么要养成动笔写作的习惯？请写 200 字左右的一个段落来回答这个问题。

3. 假如你参加一个朋友的生日宴会,突然被人起哄要你讲几句。想必在开口前,你一定在脑中将你第一时间想到的内容进行了归纳,并用一句话表达出来。那你会怎样进行表达呢?

4. 请选择自己已阅读过的一本书,撰写一篇不少于500字的书评。书评的结构多种多样,下面是一个最基本的范例,你可以根据自己的情况进行参考。

开头:书籍的基本信息,包括作者、标题、出版信息(出版社和出版时间)、图书类别等。简单说几句就可以,主要是为了给读者一个大致的概念。

中间:中间部分可以分为几段,逐步深入地对内容进行阐述。你可以和读者讲一讲书中哪些部分最精彩,并且列出具体的例子。针对非虚构类书籍,你还需要讲一讲作者的初衷、主题、论据和主要观点。这本书的优缺点是什么?你会推荐给别人读吗?原因是什么?

结尾:总结自己的观点,读者还等着听这本书值不值得读,要阐明自己对这本书到底有什么看法。

第二章

魂——像打靶一样瞄准你的主旨

一旦抓住了主题,语句就跟着来了。

——加图,罗马政治家、作家

第一节
认准"统帅",服从安排

叶圣陶先生在《落花水面皆文章》中对写作有这样一段表述:"咱们要写作,首先必须有个主旨;前面所说读书得到的意思,从事物中悟出的道理,这些都是主旨。写作的时候有关主旨的话才说,而且说得正确,说得妥帖,说得没有遗漏;无关主旨的话却一句也不容多说,多说一句就是累赘,就是废话,就是全篇文字的一个疵点。这种情形和当众讲话或演说倒有些相像;咱们站起来当众讲话或演说,也不能像平时一样杂七杂八地说,必须抓住一个主旨,让一切的话都集中在那主旨上头才行。有些人写作,写了一大堆,自己不知道说了些什么;拿给别人看,别人也不知道他说了些什么,这就是忘了写作必然有个主旨的毛病。主旨是很容易认定的,只要问自己为什么要写作这篇文字,那答案便是主旨。认定了主旨,还得自始至终不放松它;写一段,要说得出这一段与主旨有什么关系;写一句,要说得出这一句对主旨有什么作用。要做到这地步,最好先开列一个纲要,第一段是什么,第二段是什么,然后动手写第一段的第一句。这个办法,现在有许多国文教师教学生照做了。其实无论哪一个写作,都得如此;即使不把纲要写在纸面上,也必须预先想定纲要,写在自己的心上。有些人提笔就写,写来很像个样子,好像是不假思索的天才;实则也不是什么天才,他们只因太纯熟了,预先想定纲要的阶段仅需一会儿工夫,而且准不会有错儿,从外表上看,便好像是不假思索了。"

一旦抓住了主题,语句就跟着来了。
——加图,罗马政治家、作家

这段表述最起码有这么三重意思:

1. 什么是主旨。

2. 自始至终要围绕主旨进行写作。

3. 下笔之前首先得有个写作纲要,更有利于条理分明地进行写作。

这三点基本上将写作的过程完全概括了出来,下面一一来分析。

一、什么是主旨

在《汉大商务汉语新词典》中,主旨的解释为:主要的意义、用意或目的,如主旨不明。在百度百科中是这样解释主旨的:①主要的意义、用意或目的(也就是中心思想)。②犹主张,主意。更加抽象,有时可以理解为想要体现的一种精神。③在写作教学中:指作者在说明问题、发表主张或反映社会生活现象时,通过文章或作品的全部内容表达出的基本观点,是文章的叙写、议论目的。在记叙文类中,主旨与主题是相同的概念;在议论等类文章中,写作意图一般称主旨,不称主题。按照叶圣陶先生的说法,所谓主旨就是我们想要用文字表达出来的心里的想法。但是这个想法并不是无本之木、无源之水,它是来自我们在平日里看书、观察、思考后的感悟。

以上三种解释大同小异,在写作中要想很好地表达出主旨,就需要平日多走、多看、多想,古人所云"读万卷书,行万里路"是至理名言。很多人有时明明感觉到有很多东西想要表达,那话语仿佛就在喉咙边,可是就是无从下笔,究其原因还是读得少,写得少,不熟悉表达的要求和方法。又或者是想法仅仅在脑中停留,懒于动笔,等到有了需求再回过头来找的时候,当初的灵感早已经水过无痕了。

二、自始至终要围绕主旨进行写作

主旨一旦确定,作者就必须首先要确定它的主体地位,用通俗一点的说法来形容:如果一篇文章是一支军队的话,那么主旨就是它的统帅,由统帅决定用多少兵,采用什么样的战法,如何排兵布阵。

所以很容易明白,历来的文学体裁中,诗词歌赋、小说散文,会有各种各样的修辞方法、论证手法,会出现不同的语体色彩,也会有许多不同的结构安排,起因皆是表达主旨的需要。把握这一点,便会根据主旨需要选择合适的素材,比如婉约词多春花秋月、雕栏玉砌、微雨与飞燕;豪放词多诗酒风流、铁马金戈、秋声与寒角。

同样,不同的文学体裁在形成的过程中,根据表达主旨的需要渐渐形成固定的"起——承——转——合"格式。历史上最典型的莫过于八股文,今人虽已去其糟粕,但仍不可否认它在写作结构上的鲜明特点。其他如诗经与乐府、律诗与绝句、说理文与记叙文皆有自己的格式要求。尤其是词,根据词牌名的不同,有两千多种格式。正是出于对词律的严格遵守和深入研究,尽管李清照盛赞苏轼乃"学际天人",但在极注重声律的标准之下,终不免有认为其词是"句读不齐之诗"的评语。围绕主旨进行写作如图2-1所示。

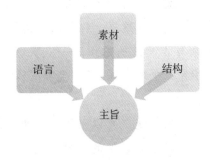

图2-1 围绕主旨进行写作

三、下笔之前首先得有个写作纲要,更有利于条理分明地进行写作

人们往往形容那些做起事来有条有理的人为"胸有成竹",其实写作也是一个道理。下笔之前,如果心中、脑中有个大概的写作纲要会非常有利于写作的思路和进程,最好这个纲要能够落实在纸上,将思维具象化,写作会更加顺利。反之,很多人往往

我知道自己在做什么,我把它写了下来。
——奥克塔维奥·帕斯,墨西哥作家、诗人、外交家

提笔就写,要么是写到一半就写不下去了,要么是笔下生风,却是离题万里,这两者都是要不得的。

这一点我们从剧本的创作上看得最为分明。剧本在创作之初一般都会先设定自己的人物角色,赋予他们不同的形象特征,列出剧中的人物关系,进一步列出整个故事的简要情节。有了这些人物设定和简要情节,基本上就框定了写作的范围、走向,在后期写作的过程中,各种各样的细节也都是为了满足突出主旨、刻画人物、烘托环境的需求。

其他类型的写作也不外乎如此。就像火车行驶一样,只有先铺好了轨道,火车才不致于脱轨。我们在下笔之前,先理清写作的思路,大概描绘出写作的纲要,这个纲要便在一定程度上成了指南针,指导着写作的方向,也时刻提醒着、帮助着作者的下一步思考和写作。

利用以上知识举个范例:

无论是在校生还是职场人士,可能都会涉及总结这一写作场景。尤其是职场人士,写好总结,可以说对自己来年的工作至关重要,因为它涉及资源争取、印象评价,甚至是薪酬调整。对于在校生来说,一份良好的总结也可以帮助自己明确过往得失,更有利于下一阶段的学习。在这里,推荐以下结构:

写作前:明确写作总结的意图——(职场人士)总结得失,获取领导认同和指导,争取资源;(学生)明确得失,砥砺前行。

写作中:

1.上一阶段情况的概述。可以采用一些事实,还可以列举一些数字。比如对比之前自己设定的目标完成了多少?还有哪些是没有完成的?

2.完成亮点详述。着重分析经验、思考,切记勿一味说苦劳,因为对于领导来讲,苦劳不等于功劳;对于学生自己来讲,诉苦毫无意义,有意义的是你所经历的这一切对自己和他人有何启发和帮助。

3.特殊事项说明。比如发现问题,分析原因,阐述所需资源及支持,写明下一步的行动计划。

如图2-2所示。

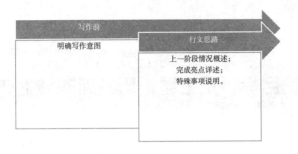

图 2-2　总结写作技巧

这样的总结没有套话、空话，没有放之四海而皆准的所谓真理，每一项、每一句都切中要害，每一个安排都围绕着中心意旨进行，会起到良好的作用。

特别值得注意的是：

从阅读与写作的关系来说，又可以从两个维度来理解主旨。一种是从主体出发，如果看不清、认不准自己的观点，那么就无法清楚明白地传达自己的意思。观点的准确与否，直接决定了受众对表达者的接受度，决定了表达效果，而这种表达用文字表述出来，就叫作写作。另一个维度，是我们去阅读和分析别人已经表达出来的信息，从而去判断信息发出者的主要意图，或者叫作文章主旨，这时候就需要掌握一些必要的技巧或者技能，我们把这个叫作阅读能力。由这个阅读能力出发，再从自己的角度解读，并且用文字表述出来，就又演变为写作能力。从写作，到阅读，再到写作，我们最终需要弄明白的是文字背后所传达出来的真实意旨。当然，这里也会有文章的结构方法、写作方法以及语言表达等诸多因素的影响。但是由表及里、去伪存真，抽丝剥茧找到文章的核心，依然是阅读和写作最大的意义，因此阅读和写作本为一家，不可分割。

···本节小结···

1. 写作时首先需要明确主旨。
2. 自始至终要根据主旨来安排各项写作要素。
3. 阅读和写作本为一家，不可分割。
4. 平时多读书、多思考、多练笔，是提高写作能力的最佳途径。

第二节
找目标，定主题，巧裁新衣披上去

> 某学校后勤部门找到带写作课程的A老师，表达了想要A老师对后勤部门的员工进行一次写作培训的意愿，并要求A老师先写出一份培训大纲，待后勤领导通过后再行商定培训日期。
>
> A老师对这件事情表示很高兴，一方面可以用自己的专业特长帮助后勤的同事提高写作技能，另一方面可以在校内通过这个渠道宣传写作课程，何乐而不为？
>
> 说干就干，A老师挽起袖子，认真写了一份自认为完美的培训大纲，从理论到实践、从结构化写作概念到表达原则，样样俱全，而且很多名词看起来相当专业，又因为表述方式陌生化，所以给人看起来很高大上的样子。
>
> 两天后后勤给了反馈，表示对于培训大纲中的众多写作原则和名词表述都看不懂。A老师感到很遗憾，经过沟通才知道，对方其实只是需要非常简单的常用应用文文体培训，比如请示、情况说明、汇报、联络单等，目的只是为了解决后勤与其他部门在日常工作中所产生的行文困难。
>
> A老师重新撰写了一份简单、实用的大纲，后勤部门顺利通过。

以上这个小故事能够告诉我们什么呢？

是的，上文中的A老师第一次失败之处就在于没有根据自己的对象需求来确定培训主题，这在写作和沟通中可是一个大忌。

一、了解你的读者需求

除了私人日记外,几乎所有的作品都是有读者的,作品需要指向这些特定的读者。作者需要充分地了解自己的对象,比如他(她)的性格特征、爱好,甚至等级职位,然后再来确定写作的风格、语气及写作内容。

有时候读者的需求和期盼是显而易见的,但有些情况下相对比较复杂和困难。比如,要教会一位家庭主妇做一道菜并不难,你只需要给她一份菜谱,但如果对方要求的是这道菜里还要有"爱的味道",这个恐怕不是那么简单了,或许你还要通过了解对方的生活背景才能判定怎么教这道菜。又比如,学生如果只是想学会怎么写求职简历,那么你大可以拿一堆的模板给他(她),但假如对方要求的是成功应聘阿里巴巴,这就要将求职者的简历和所应聘公司特点最大程度地匹配起来,还要让面试者看到你的不同。

所以,在考虑读者的时候,要设身处地地去思考。问问自己,如果你是那个站在文字对面的人,自己写出来的文字是否能够打动自己?如果你是站在自己对面的那个人,自己说出来的话能否成功地说服自己?

站在读者的角度进行思考,有两个关键的问题:

1. 信息。
2. 态度。

你要给读者哪些信息?他们已经掌握了多少?如果需要对方根据你的需求做出决定、展开行动,他们又需要你提供什么信息?想象一下,如果你要推销某种产品,那么读者需要了解的是产品究竟有什么功效,以及产品如何能满足自己的需求。在这种情况下,你要写什么内容取决于你推销的对象是谁。举例来讲,如果你是一个在校生,处在创业初期,想推广一个PPT网站,那么你的产品定位、营销定位和其他商业PPT网站应该是不同的。以下是一个大一学生为他创业初期网站写的一段推广词:

思政课要汇报;

写作课要汇报;

管理课要汇报;

一个人的风格有多大力量,就看他对自己的主张有多么强烈,他的信念有多么坚定。

——萧伯纳,爱尔兰剧作家

英语课要汇报……

老师们,你们为啥都要求用PPT做作业呢?

缺好看的PPT、Word、视频、Excel模板?

你再也不缺了!

云盟精品汇,专门为大学生服务的网站。我们的技术员正在每天充实着网站的资源,精品PPT模板,专业的Word、Excel模板哦!

我们是××学院在校大学生,所以对于校友有优惠,充值10元(含10元)以上,充多少送多少!对于本校的老师,提供相关证明,只需充值1元,即可开通永久免费下载账户!

为什么要收这1元钱呢?毕竟我们是一个一个上传的,真的是挺辛苦。想要什么模板资源,如果本网站没有,可以发布需求,我们看到后会马上处理。

更多精品尽在云盟精品汇。

这段推广词的读者对象非常明确,即在校的大学生,发布者也深知对象需求,即借助漂亮的PPT模板来为课程汇报作业加分。基于这个需求提供除PPT模板外更多的资源,并且给出优惠政策,顺理成章地拓展业务圈。云盟精品汇宣传图解如图2-3所示。

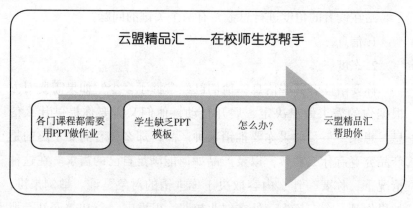

图2-3 云盟精品汇宣传图解(1)

二、基于目标定主题

当我们了解对象需求后,就要基于目标来定主题,而且力求简单明确。在结构化写作中,同样可以采用结论先行的办法,此处的结论即我们根据目标需求而产生的主题句,也可以把它叫作一篇文章的中心思想。在口头表达场合,也就是你着重要表达的中心意旨。

比如上文提到的云盟精品汇,在创业初期,它的顾客群主要是在校师生,可以用"云盟精品汇——在校师生好帮手"这样的主题来概括。但是等网站的师生会员一定程度上固定,需要拓展校外市场时,他们又推出了这样的广告:

想要找一个创业的平台?

真好,我一直在这里等你!

云盟精品汇,诚招商家入驻。

我们欢迎有资源的同道中人,无论是自有还是代理,尽可以加入我们的队伍,咱们一起努力,共同加油!

谢谢大家的支持。

这里可以看出它的目标是寻找合伙创业人,因此,主题就可以定为:"云盟精品汇——你创业的好伙伴"。云盟精品汇宣传图解如图 2-4 所示。

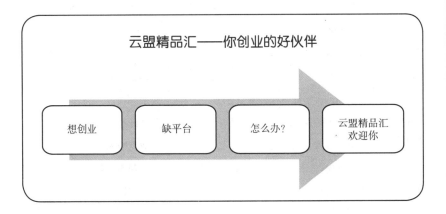

图 2-4　云盟精品汇宣传图解(2)

通过以上分析可以明白,目标不同,主题也不同,虽然你可能面对的是同样的内容。类似的常见例子还有很多,如一家淘宝网店,在不同的节日推出的促销主题是不一样的,从情人节到母亲节,从中秋节到国庆节,从挑战"双十一"到年终返场("双十二"),虽然是同一家店,同样的货物,但每一个主题都要花样翻新、抓人眼球。

> 要想打动人,首先自己要被打动。否则,再富技巧的作品也决无生命。
> ——让·弗朗索瓦·米勒,法国近代画家

三、如何让主题焕然一新

常言曰"酒香不怕巷子深",但是在信息冲击时代,"酒香也怕巷子深"很早就已成为大家的共识。因此,如何让我们的主题表达得更加有吸引力、有冲击力也是值得思考的一个问题。

对于结构化写作来说,标题最好能够透露或者扩展成为主题,才能够起到高效表达的作用。那么,在撰写标题的时候可以通过以下四点来进行包装:

1. 吸引注意。
2. 筛选听众。
3. 传达完整的信息。
4. 引导读者阅读标题以下的文字。

试看表2-1中一些广告文案的例子:

表2-1 优秀广告文案示例

文案	广告主
帮助孩子击败蛀牙	佳洁士牙膏
挥别炎热,就从今年夏季	美国通用电器冷气机
深层清洁,平衡控油	诺珊玛保湿露
新影片教你雕塑迷人大腿	运动教学录影带
发现浓郁烘烤风味	布瑞姆牌低卡咖啡
未来牌狗食全新四种美味选择,瞩目登场	未来牌狗食
67档成长型潜力股免费研究报告	美林证券
木材加工简单三步骤	明威克斯牌木材涂料
如何烤豆子	凡坎普罐头食品
你的电费太高了吗?	电力广告公司

(节选自[美]罗伯特·布莱《文案创作完全手册》)

可以看到,这些文案的标题中要么顾客群体针对性非常强,要么信息显示非常明确,并且会通过如反问、比喻等修辞手法和其他技巧来吸引读者往下阅读。总之经过这样的主题包装,往往能够起到形式新颖、内容深化的作用。

如果留心一点,也会发现很多书名本身是带有副标题的,请看表2-2中的书名:

表 2-2　包装良好的书籍名称示例

正标题	副标题	作者	出版社
好好学习	个人知识管理精进指南	成甲	中信出版集团
菜鸟学理财	一看就会	洪佳彪	中国铁道出版社
混合式学习	21世纪学习的革命	[美]迈克尔·霍恩 希瑟·斯特克 著，混合式学习翻译小组译	机械工业出版社
最强大脑	写给中国人的记忆魔法	王峰　陈林　刘苏	北京大学出版社
权衡	批判性思维之探究途径	马克·巴特斯比 莎伦·白林	中国人民大学出版社
学习力	如何成为一个有价值的知识变现者	Angie（张萌）	中国铁道出版社
任正非和华为	非常人　非常道	余胜海	长江文艺出版社

以上书籍名称示例中都有一个共同点，即正标题揭示了核心意旨，但副标题却透露给读者更多信息，或者说更加能够吸引读者的注意力，因为副标题的产生本身就是基于读者的需求，所以更能够挠中读者痒点，戳中其痛点。

需要说明一点，用写好标题的方式来包装主题并非与网络上流行的标题党是一回事。在很大程度上，标题党往往以获取更多流量为最终目标，但是在结构化写作中，标题是为主题服务的，简单、准确恰恰是最好的标准，在上文表格中标题示例也同样体现了这两个原则。过分的炫技往往会淹没主题，作者自我满足的技巧并不代表读者对象的期待标准。

本节小结

1. 在确定主题之前要了解读者对象的需求。

2. 基于行文目标来确定主题。目标不同，主题也不同，哪怕是面对同样的内容。

3. 结构化写作中，为了主题的表现形式更新颖，可以采用写好标题的方式进行包装。但是最终标题要为主题服务，原则也以简单、明确为主。

第三节
掷地有声的 TOPS 法则

　　袁教授作为一位民办大学的校长，是学校 23 个行政和教学单位的主管领导。每到周一是袁教授最忙的时候，因为这一天他要听取最少 23 个负责人的工作汇报，并与他们探讨本周的工作计划。这个时候袁教授会经常意识到下属在汇报工作时缺乏技巧，而这种短板让彼此都头疼无比。比如，此刻人事处处长正在给他汇报：

　　"我们学校目前的助教有 50 名，讲师有 80 名。"处长停了一下，观察校长的脸色看他有没有在认真听，发现他似乎在听。

　　"副教授有 10 名，而具有教授职称的只有 5 名。"处长又停了一下，看袁教授没有说话的意思，于是又接着说："而我们的同类院校中比如××学校，他们学校的助教有 30 名，讲师的数量跟咱们差不多，但是副教授有 20 名，教授有 10 名。"说到这里，他发现校长似乎脸色不悦，正在极力忍受着什么。

　　"而最近，我们在学生中间做了一个调查，调查的主题是……"

　　"够了，陈处长你能不能用一句话告诉我，你想要表达的最终意图是什么？"袁教授终于忍不住了。

　　"哦哦，其实我是想说我们需要马上启动引进高层次人才的计划。"

　　上面的场景相信大家都很熟悉。陈处长并没有错，他想尽量把信息说清楚，也许他还有很多没有表达出来，比如教育部对高校教师职称比例的要求，学校战略发展对人才的需求，以及同行业竞争所产生的高层次人才需求等,但是陈处长没有注意的一点是自己所面临的对象和所在的场景。

在这种表达场景中可以采用金字塔原理中的 TOPS 法则。

一、金字塔原理中的 TOPS 法则

金字塔原理中有一种表达方式叫作 TOPS 法则,具体解释如图 2-5 所示。

图 2-5　TOPS 法则

总起来看,英文中"TOP"的意思指顶端、顶点。在理性写作中,可以认为是要把一篇文章的观点放在开头表达,便于读者第一时间抓到重点。在金字塔原理中,这种表达方法叫作"自上而下表达,结论先行"(详细请参考本书第一章)。以下面一封电子邮件为例:

尊敬的王助理:

正如您从我们以前的会议和早先的讨论中所知道的,图书馆改造项目的完成期限很紧迫,还有三个月就要到期了。为了使项目顺利进行,我们办公室现在需要购买各种工具和产品。我在下面列出了项目需要的清单,并想通过这个备忘录得知您是否能对此授权,这样,采购部门就可以考虑他们能否到相应的公司进行采购。

此致

小王

首先进行一下目标分析。

> 自上而下地构建金字塔结构通常更容易一些,因为你开始思考的是你最容易确定的事情,即文章的主题以及读者对该主题的了解情况。
>
> ——(美)芭芭拉·明托《金字塔原理》

小王写这封邮件的目的是要得到积极、肯定的回应,即能够得到上司的授权,所以要保证信息能够得到迅速阅读并马上被人理解,就需要阐明事实、讲究实际、追求高效。但是小王在一开始并没有明确表述自己的主要意图,而是先铺垫客观情况,并且在表述自己的希望和要求的时候用了不够坚决的表达方式——想得知您是否能够对此授权。这样的话,主管领导会有两个选择——授权,不授权。如果恰逢领导心情不好的话,很可能小王等来的是一个否定的答案。

试着用下面的方式来表达:

尊敬的王助理:

请您签署附件所列的项目需求,以便采购部门能够为我们购置这些物品。

如您所知,图书馆改造项目的截止日期为8月1日,所以我需要您能尽快授权购置这些必要的工具和产品。

谢谢您的帮助。

小王

比较上面两封邮件可以发现,第二封邮件中的"行动召唤"位于前端和中心位置,这样就确保上司不会错过。这里首先阐明了自己的目的,而没有赘述任何无关的信息,提议也具有高效、有效和可信的特点,因此有利于推动工作的进展,这也便是"TOPS"中"T"的体现。而在习惯性的书写版本中,上司不得不在你的文字中找你写这封邮件的目的是什么,自己批准的理由是什么。

同样,开头即明确地表达出自己的观点,就会引导对方的疑问,在引导对方的疑问后紧接着给出事实,也就是依据(S),且能够不忘自己的身份向领导表示谢意,整个行文目标明确(T)、思路流畅、语言正式、不卑不亢(P),同时要记得理性写作的原则是简单、明确,但内容齐备,不枝不蔓(O),这种表达方式十分能够体现商务写作中高效沟通的原则。

二、为什么要使用TOPS法则来进行表达

原因很简单,当今时代需要高效率的表达。

再回到本节开篇的故事场景。袁校长此刻面临的是 23 个部门的汇报,如果按照每个人 5 分钟,那么也需要 115 分钟才能全部完成,且不说这中间袁校长是否需要思考、点评、明确下指示等,所以表达的效率就成了此刻最重要的因素。袁校长此刻更关心的是下属想要表达的结果,由这个结果出发给予思考、建议和指示,至于中间的过程,则完全可以会后详细看,甚至如果当时能够决策的事情,事后也未必会去详细看。

上面提到的报告属于理性写作的一种。而无论是学生还是职场人士都会非常频繁地遇到此类表达场景。如今的时代不同于旧时的车马慢行,人们对做事效率的要求普遍提升,说者与听者都没有足够的时间来应对对方。对于说者,要快速地说清楚并能够确保对方理解自己的意思。对于听者,只有第一时间抓到对方表达的要点,才有兴趣继续听下去并与之互动,这就是高效率表达。

从写作的角度来讲,写作的过程也意味着思考的过程,这个时候可以采用倒金字塔结构。比如陈处长的思维模式可以是这样的,如图 2-6 所示。

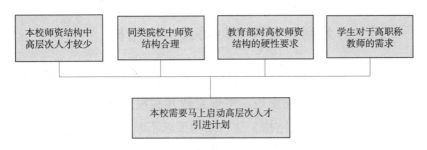

图 2-6 倒金字塔表达方式

但是,写作的最终目的是为了表达,尤其在面对需要快节奏表达的时候,就需要正金字塔结构,如图 2-7 所示。

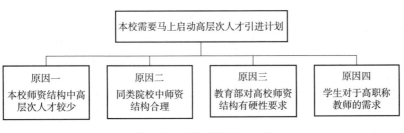

图 2-7 正金字塔表达方式

一个人必须知道该说什么，一个人必须知道什么时候说，一个人必须知道对谁说，一个人必须知道怎么说。

——德鲁克，现代管理之父

这种金字塔结构可以很好地提高我们的表达效率。

但是初学理性写作者或者初入职场的人在面对这样的场景时常犯的一个毛病是，进入主题太慢，起承转合之间很不协调，绕来绕去说半天都没有进入主题，在"起"上做过多的铺垫和说明，由于篇幅所限，很多时候刚"起"，无承无转无合，就不得不赶紧收尾了。

提高表达效率要明确以下几个具体要求：

1. 铺垫部分要尽可能短，快节奏地进入主题。

2. 开始就要向读者言简意赅地亮出自己的观点。注意，言简意赅，就是观点应该比较短，最好能精炼成一句话，让读者很清楚地把握你的观点。观点是否言简意赅有一个衡量标准，就是能不能将观点浓缩到标题之中。

3. 论点间应该有层次感，或并列，或递进，不要在一个论点上进行重复论证。

4. 最好在结尾处以引人注目而又不让人有重复之感的方式重申你的核心观点。研究表明，前后呼应的"首尾效应"有利于加深读者对观点的印象。

三、有效利用疑问/回答式纵向结构

TOPS 表达模式也是结构化原理中纵向关系的一种表现，即人们在写作过程中会发现，平铺直叙其实很乏味，那么，可以采用疑问/回答式的结构。这种结构要求不断提供信息，设想读者疑问。要回答疑问，就要引导疑问，要引导疑问，就要控制疑问，而这个疑问要从公认的事实开始。这种表述结构的构建步骤可以参看图 2-8。

图 2-8 疑问/回答式纵向结构的构建步骤

这点可以参考苏格拉底提问法。有一段非常有名的苏格拉底和路人的对话：

苏：我有一个问题弄不明白，向您请教。人人都说要做一个有道德的人，但道德究竟是什么？

路人：忠诚老实，不欺骗人。这就是公认的道德行为。

苏：你说道德就是不能欺骗别人，但和敌人交战的时候，我军将领却千方百计地去欺骗敌人，这能说不道德吗？

路人：欺骗敌人是符合道德的，但欺骗自己人就不道德了。

苏：和敌人作战时，我军被包围了，处境困难，为了鼓舞士气，将领就欺骗士兵说，我们的援军到了，大家奋力突围出去。结果成功了。这种欺骗能说是不道德吗？

路人：那是战争中无奈才这样做的，我们日常生活中就不能这样。

苏：儿子生病了，却又不肯吃药，父亲骗儿子说，这不是药，而是一种好吃的东西。请问这也不道德吗？

路人（无奈地）：不知道道德就不能做到道德，知道了道德就是道德。

苏格拉底（十分高兴，拉住那人的手）：您真是一位伟大的哲学家，您告诉了我道德就是关于道德的知识，使我弄明白了一个长期困惑的问题，我衷心地感谢您！

从这段对话中很容易发现苏格拉底的对话特点，即每句话都是以问题开始，以问题引导和控制着路人的思考方向。如果苏格拉底一开始就告诉路人什么是道德，也许到最后路人也听不明白，或者根本没兴趣听。

可以看到，借助 TOPS 原则，不但能够使我们在沟通和写作时重点突出、主题鲜明，而且能够使对方第一时间把握要点，减少沟通和理解成本。同时，利用疑问/回答式纵向结构，也有利于我们把握行文走向，使读者或者谈话对象一直处在设定轨道之内。

本节小结

1. 当今社会需要高效率的表达，高效率的表达可以采用金字塔结构。

2. 金字塔结构中的TOPS原则可以有效地节省沟通成本，同时能够使表达主题鲜明，表达主线贯穿始终，论证有理有据。

第四节
瞄准靶心的 5why 分析法

杰弗逊纪念堂坐落于华盛顿，是为了纪念美国第三任总统托马斯·杰弗逊。

年深日久，墙面便出现了裂纹，斑驳陈旧，政府非常担心，派专家调查原因。

专家迅速集结，最初调查认为墙面遭受侵蚀是酸雨导致的，可随着进一步研究，发现最直接的原因并不是酸雨，居然是每天冲洗墙壁所使用的清洁剂！如何避免这一情况呢？

专家们并不是没有头绪地开展工作，他们首先要确定问题的根源，才能有的放矢地解决问题。于是，他们给出了一连串的提问，并对这些问题进行回答，如下：

问1：为什么纪念堂表面斑驳陈旧？

答：专家发现，冲洗墙壁所用的清洁剂对建筑物有腐蚀作用，该纪念堂墙壁每年被冲洗的次数大大多于其他建筑，腐蚀自然更加严重。

问2：为什么要经常清洗呢？

答：因为纪念堂被大量的燕粪弄得很脏。

问3：为什么会有那么多的燕粪呢？

答：因为燕子喜欢聚集到这里。

问4：为什么燕子喜欢聚集到这里？

答：是因为建筑物上有它喜欢吃的蜘蛛。

问5：为什么这里会有蜘蛛？

答：蜘蛛爱在这里安巢，是因为墙上有大量它爱吃的飞虫。

问6：为什么墙上飞虫繁殖得这样快？

答：因为尘埃在从窗外射进来的强光作用下，形成了刺激飞虫生长的温床。

问到这里，问题的根本原因也就水落石出了，而解决问题的方法竟然如此简单，那就是——拉上窗帘。

（案例转引自网络：http://blog.sina.com.cn/s/blog_14ecf9b090102wsni.html）

> 以目而视，得形之粗者也；以智而视，得形之微者也。
> ——唐·刘禹锡《天论（中）》

一、什么是 5why 分析法

"5why"分析法，又称"为什么—为什么"分析法。是一种探索问题原因的方法。对一个问题连续发问 5 次，每一个"原因"都会紧跟着另外一个"为什么？"直到问题的根源被确定下来。如图 2-9 所示。

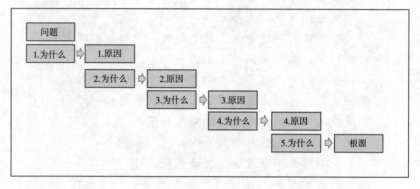

图 2-9　5why 分析法图示

如图，沿着"为什么—为什么"的因果路径逐一提问，先问第一个"为什么"，获得答案后，再问为何会发生，以此类推，问 5 次"为什么"，或者更多，以此来挖掘出问题的真正原因。

虽然标题为 5 个为什么，但使用时不限定只做 5 次为什么的探讨，主要是必须找到根本原因为止，有时可能只要 3 次，有时也许要 10 次，如古语所言：打破砂锅问到底。

二、写作和表达中为何需要 5why 分析法

无论是学生还是职场人士，我们总会遇见一些复杂的、一时难以理清头绪，尤其是难以看透核心问题的表达情景。要想达到高效表达和沟通，界定问题和找到根本原因就显得尤为重要。只有界定了真正的问题，后面的所有措施、方案才会不偏离航向。同样，如果找不到根本原因，那么找出再多的方案也都是隔靴搔痒、治标不治本。以下面情景为例：

某学校通过期中教学检查收集到学生意见反馈，认为结构化写作这门课作业量很大，希望任课教师能减轻作业。相关教学部门接到学生情况反映后组织教师进行讨论，要求教师找出解决办

> 学习知识要善于思考，思考，再思考。我就是靠这个方法成为科学家的。
>
> ——爱因斯坦，犹太裔美国科学家

法，改善考核方案。

面对这个问题，就可以采用5why分析法来进行。首先，从表面现象开始提问：

问：学生为什么会反映作业量大？

答：因为每周老师让小组做课前任务。

问：为什么需要每节课做课前任务？

答：是为了翻转课堂的需要，提高学生的自学能力和落实"以学生为中心"的教学理念。

问：为什么翻转课堂反而让学生感觉作业量大呢？

答：因为作业必须用PPT形式做。

问：为什么以PPT形式来做作业会让学生感觉作业量大？

答：其他课程同类作业比较多，PPT相对其他作业形式更费神。

解决方案：寻求除PPT形式之外的其他作业形式。

通过以上分析可以知道，在这个问题上，学生反映的实质性问题并不是作业量真的大，而是因为作业形式同质化太严重，所以导致学生感觉作业过多。界定了这个实质问题之后，就能顺理成章地找到解决办法，即寻求多样化的作业形式，而不是盲目地削减作业的数量。

三、使用5why分析法的注意事项

需要说明的是，5why的分析不是随意进行的，必须是朝解决问题的方向进行分析，如果脱离了这个方向，使用5why就可能会走上死胡同。如图2-10所示。

图2-10　许多个问题不等于5why

下面是一个使用5why分析法的有意思的故事：召开全国论坛项目为什么失败了。利用5why法分析原因如下：

why1：这个项目为什么失败了？

——因为计划不够周密详细。

why2：为什么计划不够周密详细？

——因为时间太紧张。

why3：为什么时间太紧张？

——因为参与人员事务太多。

why4：为什么参与人员事务太多？

——因为他们除了论坛事务还要上课。

why5：为什么他们还要上课？

——因为他们是教师。

why6：为什么他们是教师？

……

另一个错误使用 5why 的案例：一个人摔了一跤。利用 5why 分析原因如下：

why1：为什么摔跤？

——因为地面滑。

why2：为什么地面滑？

——因为地面有水。

why3：为什么有水？

——因为早上洒水车洒水了。

why4：为什么洒水车要洒水？

——因为地太干。

why5：为什么地太干？

——因为长期不下雨。

why6：为什么长期不下雨？

……

如果按照这样的方法进行分析的话，你会发现离主题越来越远，要想分析出真正原因，几乎是不可能了。

所以，成功利用 5why 分析法的关键在于：鼓励解决问题的人要努力避开主观或自负的假设和逻辑陷阱，从结果着手，沿着因果关系链条，顺藤摸瓜，穿越不同的抽象层面，直至找出原有问题的根本原因。5 why 分析法的注意事项如图 2-11 所示。

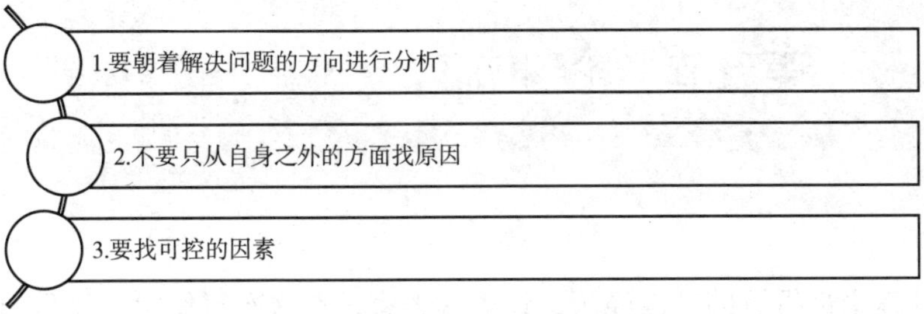

第二章 魂——像打靶一样瞄准你的主旨

1. 要朝着解决问题的方向进行分析

2. 不要只从自身之外的方面找原因

3. 要找可控的因素

图 2-11　5why 分析法的注意事项

使用 5why 分析法的提示：

1. 在提问前客观地理清问题，把握现状。

2. 提问时躲开借口、推脱、无效回答等陷阱。

3. 连续提问，不找到根本原因不放手。

4. 策划解决方案。

这样就能完美地找到最终答案了。

你们要学习思考，然后再来写作。

——布瓦洛，法国诗人

本节小结

1. 5why 分析法可以帮助我们界定问题的实质，寻求最终解决方案。

2. 5why 分析法不仅是一种管理工具，在写作和沟通上同样是一种良好的分析问题和解决问题的办法。

3. 一连串轻率、简单的为什么不等于 5why。

第五节 轮到你了

1. 分享你在写作过程中最得意的一次经历，请告诉大家，在这次写作中，你是如何提炼主题的，是如何安排主题与其他写作要素的关系的？

2. 推荐几个你知道的包装比较好的主题名称，可以是电影宣传海报名称，可以是书籍宣传主题名称，还可以是文案主题名称等，并试着用一段话来介绍其成功的原因。

3. 假定你认为取消所有大学期间的考试将会更加有利于培养学生的能力，你需要向学校教务处呈上一份报告来阐述理由，请你按照 TOPS 法则拟写出一份报告提纲。

4. 请你利用 5why 分析法试着分析每年"双十一"网购狂欢的现象,并针对解决"许多大学生盲目消费"这一问题给出可行性建议。

第三章

骨——像盖房子一样搭建你的文章结构

> 凡制于文,先布其位,犹夫行阵之首次,阶梯之有依也。
>
> ——梁启超

第一节 立骨的艺术

"凡制于文，先布其位，犹夫行阵之首次，阶梯之有依也。"梁启超倡导的写作之法一贯主张把布局谋篇放在训练的首位，而把字句末节放在次要地位。可见如果不把要阐述的道理、证明的观点先构思好安排好，那就只能是文章未成而先毁。

一、立骨的艺术

写作中所立的骨相当于人的骨架，骨架是支撑起一个人的基本结构，如果没有骨架，这个人长得再美丽也没有用。写作也是一样，写作的立骨就是写作的中心，中心明确，是对一切文章的基本要求。可是在平时写作中，中心不够明确的却比比皆是。有的文章就像一堆散沙，没有灵魂，没有骨架，这种文章读者读完了也不明白其中心所在，文章净是材料的堆砌或是枝杈横生，多头开花，一篇之中几个中心……按理说，文章的中心是文章的灵魂，材料是文章的血肉，一切写作技巧和材料都是为表现中心服务的，缺乏明确中心的文章，就像画一条没有眼睛的龙，即使画得再像也是没有灵魂的龙，文章的中心没有明确，即使内容如何丰富，语言如何生动，都是没有意义的。那么，怎样才能使中心显赫明朗呢？

这里介绍一种方法"立骨法"，即以精辟深刻、意蕴丰富的只言片语作为"文眼"或"段眼"，让其在显要位置上支撑起中心这个灵魂，成为文章的"骨架"，从而使思路清晰表现，使中心显赫明朗。

立骨的方式，常见的有两种：一是一字立骨——指选用一个字作为文章的中心。二是一句立骨——是以一句耐人咀嚼的话作为文章的"真宰"。

（一）一字立骨

"一字立骨",就是用一个字来作为文章的灵魂,用这个字来统率文章,锤炼字句。一字立意,突出中心。就是利用一个最恰当的字确立文章主题,点明文章主旨,统率整篇文章,所以在写作时要提炼材料深意,抓取核心内涵,并将它贯穿于整篇文章,从另一个高度去谋划整篇文章。这种方法常用在文章立意方面,特别是在散文写作中,散文要做到形散而神不散,骨就显得尤为重要,散文的内容似乎是比较凌乱而没有条理的,所以必须要有一个中心高度概括文章的主旨,一字谋篇,结构文章。常见的文法是"一线穿珠式",即以一个字为线索,结构全文,如图3-1所示。

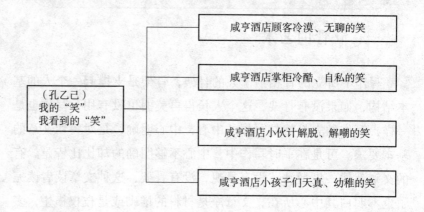

图3-1 孔乙己中"笑"字立骨

古今的很多文章经常用到这种立意方法。

例1:欧阳修的《醉翁亭记》,以一"乐"字立骨全篇,整篇文章围绕"乐"字展开,乐是贯穿全文的主线,作者写山水,是抒发"得之心"的乐;写游人,是表现"人情之乐";写宴饮,是表达"宴酣之乐";写鸣声婉转,飞荡林间,显示"禽鸟之乐",更是为表现太守自我陶醉的"游而乐"。

例2:苏轼的《留侯论》,以"忍"字立骨,贯穿全篇。开篇提出论点"忍",二、三、四段圯上老人教"忍",第五段,留侯用"忍",第六段,驳世俗之见——反衬。用"忍"来组织材料,层层议论,逐步深化,雄辩有力。如图3-2所示。

> 凡制于文,先布其位,犹夫行阵之首次,阶梯之有依也。
> ——梁启超,中国近代思想家、政治家、文学家

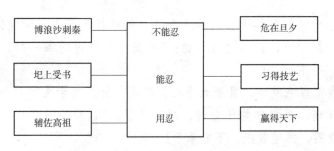

图 3-2 留侯论中"忍"字立骨

古人说:"揭全文之旨,或在篇首,或在篇中,或在篇末。"

"一字立骨"就是文章中的一个字在文章中起到画龙点睛的作用。而画龙点睛就是作者对笔下事物的特有发现或独特情感体验,所以在写作时要善于提炼材料精髓,抓住核心,并将它贯穿于整篇文章中去谋划。文章布局,完全可以在一个字统领全局的基础上,也让这个字在结构上领起全文。

(二)一句立骨

"一句立骨",指用一句话或一段话,作为文章的中心,确立文章的骨架和躯干。要做到一句立骨,作者在写文章之前一定要写好提纲,提纲要围绕一个中心去构思,在文章的材料中提炼或者精选一句有高度概括性和极强感染力的话,作为整篇文章的根本,支撑起文章"精神"的骨架,让这句话统领全文。

如果把文章的材料比喻为天上的繁星,那么这句话就是皎洁的月亮,所有的星星都是围绕着月亮,使得月亮更加突出,更加明亮。这句话在文中反复呈现,贯穿始终,构成文章的基本骨架,显示行文的思路,凸显全文的情感、观点。采用"一句立骨"的方法,能使文章不蔓不枝,思路清晰,中心突出,有回环往复,一唱三叹之美。

在写作中如何做到"一句立骨"?关键是怎样提炼这一句能够概括中心的话,使用"一句立骨"方法要注意,这一句话要力求生动,有高度的概括性,有韵味,有一定的深意,这一句话要在文章中最恰当的时候自然出现,统领全文,这句话必须是文章立意的骨架,是支撑文章所有内容的主线。从横向看,这句话能够连接文章的全部内容;从纵向看,这句话使文章层层深入。如三毛的文章《什么都快乐》,就把生活中的琐细芜杂之事,用一句话"不亦乐乎"贯穿在一起,写出了平凡中的趣味。

例 3:清晨起床,喝冷水一杯,慢打太极拳数分钟,打到一半,忘记如何续下去,从头再打,依然打不下去,干脆停止,深呼吸数十下,然后对自己说:"打好了!"再喝茶一杯,晨课结束,不亦乐乎!

静室写毛笔字,磨墨太专心,墨成一缸,而字未写一个,已腰酸背痛,凝视字帖十分钟,对自己说:"已经写过了!"绕室散步数圈,擦笔收纸,不亦乐乎!

枯坐会议室中,满堂学者高人,神情俨然,偷看手表指针几乎凝固不动,耳旁演讲欲听无心,度日如年。突见案上会议程式数张,悄悄移来折纸船,船好,轻放桌上推来推去玩耍,再看腕表,分针又移两格,不亦乐乎!

……

文章共写了21项"不亦乐乎!"的琐事,作者那种对生活达观知足的态度和洒脱自在的情趣跃然纸上。

采用"一句立骨"的方法,可以把零散的材料组织成一个有机整体,把纷繁复杂的内容归拢集中到焦点上,从而使文章线索明晰、结构缜密、主旨凝练。但要注意:"一句"要倾情打造,力求生动、凝练而富有意味;"一句"要适时呈现,力求自然、恰当而有意义。

在写作中,认真实践"立骨"写法的好处。在使用"立骨法"时,我们最好先尝试写提纲,将主旨句与统率各段的中心句写出来,也包括将所联想到的材料用概括性的词语写出来。这样,心中有个围绕中心拟写的蓝图,文章这个"大楼"盖起来就容易多了,就不会横生枝杈或堆砌材料,中心就突显出来了。

> 文章体制如各朝衣冠,不妨互异,其状貌之妍媸,固别有在也。
> ——(明)袁枚《书茅氏"八家文选"》

本节小结

本节主要说明了写作中立骨的艺术及立骨的方法,在运思时,最重要而且最艰苦的工作不在搜寻材料,而在有了材料之后,将它们加以选择与安排,给它们一个完整有生命的形式。选择与安排才显出艺术的锤炼刻画……

最好的文章,像英国小说家斯沃夫特所说"最好的字句在最好的层次"。找最好的字句要靠选择,找最好的层次要靠安排。

文章的"骨架",对文章起着至关重要的作用。

第二节
SCQA——让你讲一个好故事

"自带头条体质"的张家界大峡谷玻璃桥于2016年8月20日开放营业,简直是万众瞩目,堪比春运啊!多少人都眼巴巴地想去看一看。然而,万万没有想到,短短12天后,它竟然被紧急叫停了!为什么?

以上这段文字采用了一种模式:先交代背景,然后抛出一个"然而",让事情发生了转折,接着提出了问题,引起读者的好奇。

在当前互联网环境下,讲故事的能力被提升到一个从未有过的高度,那我们怎么做才能够吸引读者、听众的注意力呢?大家都知道,好的故事需要打动人的情节,而情节则需要矛盾、冲突来推动,这样整个故事才显得百转千回、曲折多姿。

一、为何要用讲故事的形式

读者读你写的文章时,在阅读前,大脑中已存在许多杂乱、零散的思想,其中大部分都与你文章的主题不相关,读者只有在感受到强烈的吸引力时,才会愿意暂时放弃其他思想,专注于你提供的信息。

因此,你必须想办法使读者轻易地抛开其他思想,专注于你文章的内容,如何让你的文章产生兴趣呢?达到这一目的有一个简单的办法:即利用未讲完的故事所产生的悬念效果。举例说明:

故事1:"半夜,两个美国人在一座古怪的城堡中相遇……"

故事2:夜深了,家里爸爸妈妈都不在,只有小女儿一个人。

故事3：一家出版社铸字间的工作人员死亡了！他到底是谁？死因是什么？

根据以上举例，无论你在读故事之前想什么，读完开头，你的注意力就会紧紧被吸引住。因为作者已经将你的思想带到了特定的时间和空间，直到故事的高潮过后。

所以，你在写文章时，应当通过向读者讲述一个与主题有关的"故事"，引起读者的兴趣。好的故事都有开头、中间和结尾，相当于引入某种"背景"，说明发生的"冲突"，并提出解决方案。这一模式现已被广泛应用于生活及职场的各个领域。

二、SCQA 序言模式

讲故事的 SCQA 序言模式包含四个要素，如图 3-3 所示：

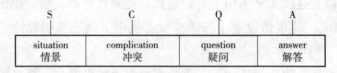

图 3-3　SCQA 序言模式图

（一）情景—situation

情景是对原本稳定状态的描述，即从熟悉的情景说起，即事情发生的背景或事实，比较符合读者的知识、信念、感情和愿望，让读者有认同感。从讲故事的角度说，它是一个原有的"情节"。

（二）冲突—complication

按照《金字塔原理》中芭芭拉·明托对冲突的解释，complication 并不是指一般意义上的"问题"，对于你正在讲的故事而言，它是那个会制造矛盾，同时让你感到紧张不安的因素，推动情节到转折、高潮的地方，而这一矛盾会引发读者在心中产生疑问。

所以，complication 是一个推动故事情节发展的因素，它打破了原本稳定的状态，让局面变得混乱复杂，让情节发生反转，它的存在会让你的故事充满张力，同时触发读者心中的疑问，让

> "悬念"意味着焦灼的等待。
> ——莫洛亚，法国作家

读者更想继续看下去。

（三）疑问——question

读者头脑中出现的问号，疑问由你提出，用来引导读者思考的方向，或者由冲突引发的疑问特别明显时，也可以隐藏，成为隐性的疑问。

（四）回答——answer

回答读者的问号——解决方案

这个环节是对以上疑问给出的答案，既然冲突（C）会引发疑问（Q），那么这些疑问最终是如何被解答的呢，这是故事进展中非常重要的一部分。

三、SCQA 的不同风格

（一）标准式：SCQA

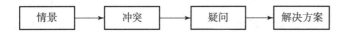

这些年，会计资格考试的通过率一直不高。学生们都表示，面临巨大的学习压力，精神濒临崩溃。如何改善这种情况，是摆在教育工作者面前刻不容缓的一项工作。

针对这种情况，仁和会计学校提出了新的学习方法，通过几年的实践发现，能让大学生轻松通过考试。

（二）开门见山式：ASCQ

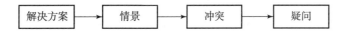

仁和会计学校提出的会计学习方法，能让大学生轻松通过会计资格考试。众所周知，过去会计资格考试的通过率一直不高。也因为如此，学生们面临着巨大的压力，甚至有人精神濒临崩溃。改善这种情况成了摆在教育工作者面前刻不容缓的一项工作。

（三）突出忧虑式：CSQA

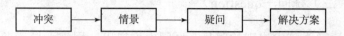

如今的学生们因为会计资格考试，精神濒临崩溃。众所周知，目前会计资格考试的通过率一直不高，如何改善这种情况，是摆在教育工作者面前刻不容缓的一项工作。

针对这种情况，仁和会计学校提出了新的学习方法，通过几年的实践发现，能让大学生轻松通过会计资格考试。

（四）突出信心式：QSCA

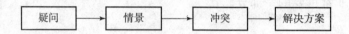

如何提高会计资格考试通过率，是摆在教育工作者面前刻不容缓的一项工作。这些年，会计资格考试通过率一直不高。学生们都表示，面临巨大的学习压力，精神濒临崩溃。针对这种情况，仁和会计学校提出了新的学习方法，通过几年的实践发现，能让大学生轻松通过考试。

对文章序言的讨论能够使大家认识到序言部分的重要性，正如从以上例子中了解的那样，好的序言所起的作用不仅仅是吸引并保持读者的注意力，还能够影响读者对文章的理解。

讲故事能够使读者感到作者得出结论的逻辑必然是正确的，进而减少读者对文章随后的思路提出反对意见。讲故事还能够使读者感受到作者的关心，希望读者能清楚地理解"背景"，能够透过叙述性的"故事"看到其代表的事实。

SCQA 整体模式如图 3-4 所示。

第三章 骨——像盖房子一样搭建你的文章结构

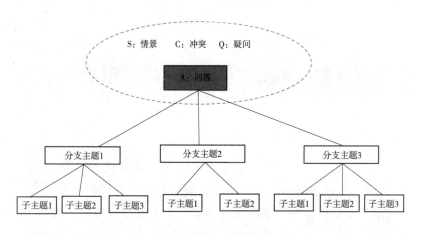

图 3-4 SCQA 整体模式

我写作，为了使我的朋友们更爱我。
——加夫列尔·加西亚·马尔克斯，哥伦比亚作家

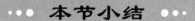

本节小结

　　本节主要陈述了如何讲一个好故事——SCQA 模式，用讲故事的形式，是为了让读者抛开复杂的思想，专注于你的话题。SCQA 模式有助于激发读者兴趣，吸引其注意力，使其觉得新奇、悬念，感觉话题与本人相关。

第三节
行文的横向脉络——逻辑递进

> 古人云:"布局须有千岩万壑,重峦复嶂之观,不可一览而尽。"文章若能精心布局,创新框架结构,造就如模特身材那样婀娜多姿、令人赏心悦目的魅力形体,那么文章的熠熠光辉定能吸引读者的双眸。

金字塔中的思想以 3 种方式互相关联——向上、向下和横向。文章中的思想基本也遵循这一规则:

纵向——文章中任一层次上的思想必须是其下一层次思想的概括。

横向——同一逻辑范畴的信息必须按照一定的逻辑顺序进行排列。

这节,重点介绍文章的横向关系。

顺序是一个中性词,一般呈现出两种状态:有序和无序。"有序"体现的是层次分明,条理清晰;"无序"体现的是杂乱无章,缺乏系统性。

人们在接受信息时比较偏向于"有序"原则,是一种认知"习惯"。比如语文课老师教说明文、记叙文、议论文时,都各自有一套写作顺序。数学课,做计算题时要遵循运算顺序。历史课则是按照历史发展的时间顺序,还有空间顺序等。"有序"更容易让对方准确理解自己的观点和思想。

把"有序"应用于写作中,文章的组织思想基本上遵循 4 种逻辑顺序:

- 演绎顺序——大前提、小前提、结论
- 时间(步骤)顺序——第一、第二、第三
- 结构(空间)顺序——船头、船尾、船背
- 程度(重要性)顺序——最重要、次重要,等等

> 谋篇布势,是一段最大的功夫……布局须有千岩万壑,重峦复嶂之观,不可一览而尽。
> ——曾国藩,清代政治家、战略家、文学家

一、演绎推理

从一般性的前提出发,通过推导即"演绎",得出具体陈述或个别结论的过程。演绎推理的逻辑形式对于理性的重要意义在于,它对人的思维保持严密性、一贯性有着不可替代的校正作用。

演绎推理也可以是以下步骤:
- 出现的问题或存在的现象
- 产生问题的根源、原因
- 解决问题的方案

线性演绎推理如图 3-5、图 3-6 所示。

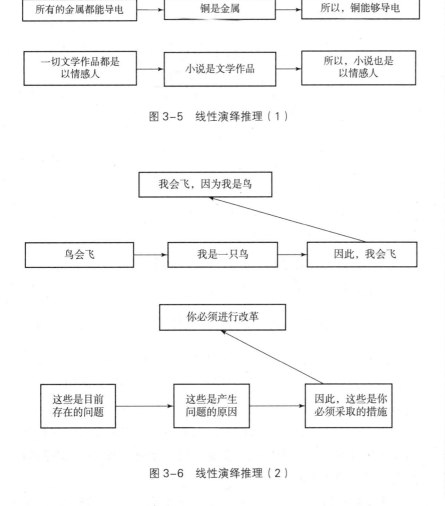

图 3-5 线性演绎推理(1)

图 3-6 线性演绎推理(2)

二、归纳推理

就是从个别性知识推出一般性结论的推理。注意到不同的事物（思想、事件、事实）具有共性、共同点，然后将其归类到同一个组中，并说明其共性，归纳推理是从特殊到一般的过程。

归纳推理有助于发现新事实，获得新结论，提供研究方向。归纳推理如图 3-7 所示。

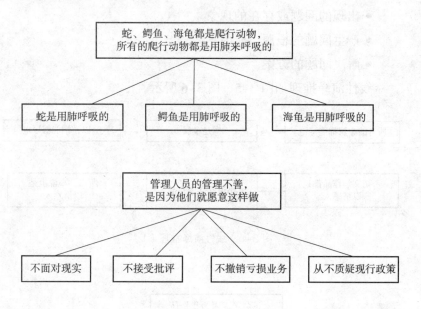

图 3-7 归纳推理

演绎推理与归纳推理的区别：

演绎推理——第二点是对第一点主语或谓语的论述。

归纳推理——同组中的思想具有类似的主语或谓语。

（一）归纳推理的时间（步骤）顺序（确定前因后果关系）

按照事情发生的先后进行排列，以时间顺序展开的工作总结都是由远及近。如：年度工作总结，从年初到年尾；某项目工作总结，按项目的前期、中期和后期展开；产品开发的工作总结，可分为阶段一、阶段二和阶段三。再如：在介绍历史上以少胜多的经典战役时，以巨鹿之战、官渡之战、赤壁之战……从时间的维度分出先后关系的顺序。

在解决问题的文章中，当你告诉读者采取某种行动时，你必定认为通过这种行动会产生某种预想的特定效果。你首先要确定希望取得的结果或效果，然后指出为取得这一效果必须采取的行动。归纳推理的时间（步骤）顺序如图 3-8 所示。

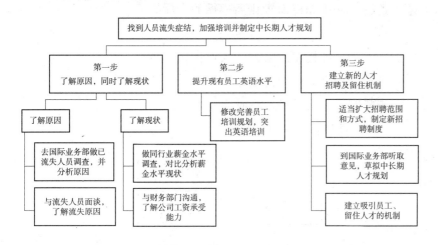

图 3-8　归纳推理的时间（步骤）顺序

（二）归纳推理的空间（结构）顺序

将整体分割为部分，或将部分组成整体。这些部分或要素之间往往是平行并列的关系。排序原则的选择没有定式，如何选择取决于实际环境的需求和表达目的。同样的对象，表达重点不同，采取的顺序也就不同。归纳推理的空间（结构）顺序如图 3-9 所示。

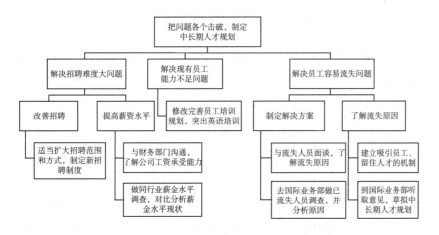

图 3-9　归纳推理的空间（结构）顺序

> 写文章要讲逻辑。就是要注意整篇文章，整篇说话的结构，开头、中间、尾巴要有一种关系，要有一种内在的联系，不要互相冲突。
> ——毛泽东

将整体拆解一般要符合MECE原则（MECE，即 Mutually Exclusive Collective Exhaustive 的缩写，指把一个工作项目分为若干个更细的工作任务的方法），相互之间具有排他性，整体而言毫无遗漏。使用MECE原则所遵循的步骤如下：

步骤一：确认问题（边界）；

步骤二：寻找MECE的切入点；

步骤三：分类可否再细分；

步骤四：确认是否遗漏或重复。

MECE原则如图3-10所示。

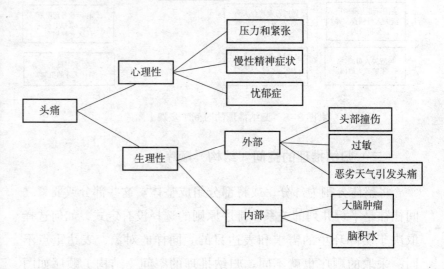

图3-10　MECE原则

（三）归纳推理的程度（重要性）顺序

将类似事务按重要性归为一组，或按事务轻重缓急的程度进行排列。一般会用到"首要工作是……，其次……，最后……"这样的表达方式。即从重要到次重要，或从大到小的顺序排列，这就是程度顺序，也称为比较顺序或重要性顺序。归纳推理的程度（重要性）顺序如图3-11所示。

了解以上知识，你可以随时从某一思想开始构建你的金字塔结构，并在需要时加入其他思想（向上、向下或横向）。以上顺序既可以单独使用，也可以综合使用，但是每一组思想中都必须至少存在一种逻辑顺序。

大多数人在写作时经常忽视对"顺序"的思考，而"顺序"

恰恰是横向关系的体现。恰当准确的顺序能最直接地体现出信息之间逻辑关系，而缺乏顺序或使用不当顺序，易使读者难以理解内容，甚至产生误解。

所以，写作时应做到顺利而有序，和谐而不紊乱。

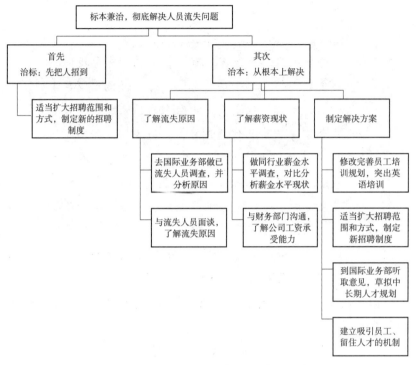

图 3-11　归纳推理的程度（重要性）顺序

本节小结

条理清晰的文章，必须能够准确、清晰地表现同一主题思想下的思想组之间的逻辑关系。这些思想分别位于不同的抽象层次上，但互相关联，并且由一个单一的主题思想统领。

本节重点介绍了行文的横向脉络，在组织文章思想时，演绎和归纳是仅有的两种可能的逻辑关系。掌握以上方法，能帮助你在写作时创造性地拓展自己的思路。

第四节 行文的纵向谱系——以上统下

> 亮亮是一名客户经理。有一天,一位客户找到亮亮,想要购买一套二手房。交谈中客户说她比较在意升值空间的细节。但亮亮没明白客户的意思,努力地给客户介绍房子的配套设施好、交通方便、开发商靠谱等情况。然而客户对于亮亮的介绍丝毫提不起兴趣,最后跑到另一家房产公司去了。
>
> 在表达时,一般遵循上是论点、下是论据。论据要围绕论点展开,不要轻易偏离。
>
> 请问亮亮的问题在哪儿,该如何组织材料?

以上统下:上一层结论是对下一层信息的概括和总结,下一层信息则是对上一层结论的解释和说明。

以上统下包含三个方向:一是上层对下层的"概括",即不能仅仅罗列信息,还要对这些信息进行总结得出结论;二是下层对上层的"论证",如果有一个明确的观点,要给出充分的理由和依据对观点形成支撑,做出进一步说明;三是"对应",上下层之间要形成严谨的对应关系,而不是各说各的。以上统下的三种情况如图 3-12 所示。

> 思想是有一条路的,一句句,一段段,都是有路的。
> ——叶圣陶

图 3-12 以上统下结构图

一、概括:"以上统下"体现高效的表达要点

"概括"是我们经常说的一个词语。当我们不能理解对方所说的大量信息时,我们会提出要求:你能不能概括一下你的内容?同学们在面试时,面试官会问:"你能不能概括一下你的优势有哪些?"举例说明:

例1:一个同学概括自己的优势——

(1)出色的业务能力:英语水平出众,跨文化交流能力强。

(2)过硬的心理素质:抗压能力强,乐于接受挑战。

(3)较强的思想觉悟:工作勤恳,责任心强。

概括可以从三个方面来理解:一、从认知角度说,概括就是站在更高的层次上认知一类事物的共同本质特征及发展规律;二、从思维角度说,概括就是从个体到普遍,从具体到抽象;三、从表达角度说,概括就是以简驭繁、化繁为简的语言运用过程。

例2:先帝创业未半而中道崩殂,今天下三分,益州疲弊,此诚危急存亡之秋也。然侍卫之臣不懈于内,忠志之士忘身于外者,盖追先帝之殊遇,欲报之于陛下也。诚宜开张圣听,以光先帝遗德,恢弘志士之气,不宜妄自菲薄,引喻失义,以塞忠谏之路也……

愿陛下托臣以讨贼兴复之效,不效,则治臣之罪,以告先帝之灵。若无兴德之言,则责攸之、祎、允等之慢,以彰其咎。陛下亦宜自谋,以咨诹善道,察纳雅言。深追先帝遗诏,臣不胜受恩感激。

今当远离,临表涕零,不知所言。

(诸葛亮《出师表》节选)

整篇文风"志尽文畅","简而且尽"。

对于写作表达来说,概括是一种非常重要的能力。以前的语文课上,老师经常会训练我们的概括能力,有助于从整体上把握文章的主旨。同时,从信息接收的角度看,概括有利于读者快速有效地获取信息。所以,当通过写作进行书面表达时,也应该合理地运用概括,使文章简明扼要,让读者在很短的时间里就知道作者想要表达的主要观点。

二、论证："以上统下"体现强大的逻辑思维

何为"论证"？论证就是一个说理的过程。如何说理呢？就是拿出一些理由去支持或反驳某个观点。在进行一次完整的论证时应该具备三个核心要素：论点、论据、论证方式。从逻辑学角度解释，论点、论据都是由"概念"组成的"命题"，论证方式则对应的是命题之间的"推理"。

例3：李斯《谏逐客书》文章的逻辑关系（如图3-13所示）：

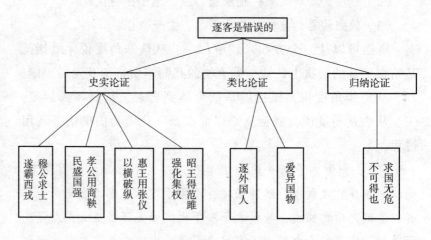

图3-13 《谏逐客书》逻辑论证图

当今，有些公共言论显得混乱而充满戾气，公共对话有时缺乏理性，从而转变为相互谩骂指责。有些人的理性思维、逻辑思维处于一个很糟糕的状态，他们渴望说理却不会论证，崇尚科学却缺少理性。一个人说话是否有逻辑，很大程度上就体现在他对自己观点的论证过程是否严谨合理。语言表达的逻辑性也反映了一个人的逻辑思维水平。

例4：逻辑思维缺陷——郎咸平一次在某大学演讲中说，我们的企业不要追求做大做强，大学的高材生就问他："难道要做小做弱吗？"

这是推论错误，不要追求做大做强并不一定就是做小做弱。这就是典型的二元思维、好坏人思维、非黑即白思维。

在写作表达时，我们可以从三方面对"论证"进行考察和衡量：逻辑、辩证和修辞。逻辑方面：看论证是否符合基本的逻辑规范，是否在逻辑上"有效"；辩证方面：看论证是否"全面"，

能否从不同角度、立场去思考问题；修辞方面：这时论证就属于一种交流的形式，看能否通过论证说服对方接受自己的观点。如图 3-14 所示。

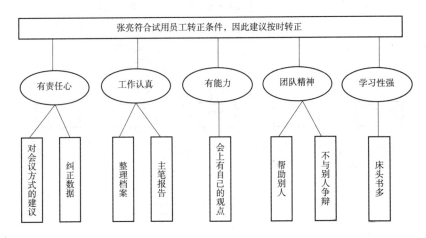

图 3-14　张亮是否能转正的论证图

三、对应："以上统下"体现严谨的行文思路

在论证过程中，有一个非常容易被忽视但又频频出现问题的点，就是"上下对应"。

要做到"上下对应"，论点和论据必须保持统一性，要在同一个范畴内。对于这一点，古人为我们做了一个良好的示范。如《孙子兵法·始计篇》中一段。

例 5：兵者，国之大事也，死生之地，存亡之道，不可不察也。故经之以五事，校之以计，而索其情：一曰道，二曰天，三曰地，四曰将，五曰法。

道者，令民与上同意也，故可以与之死，可以与之生，而不畏危。天者，阴阳、寒暑、时制也。地者，远近、险易、广狭、死生也。将者，智、信、仁、勇、严也。法者，曲制、官道、主用也。

凡此五者，将莫不闻，知之者胜，不知者不胜。

上例中作者首先提出明确观点：战争是国家大事，不可不察，而且要从五个方面察。然后分别从"道、天、地、将、法"五个方面一一论述。最后，以"凡此五者，将莫不闻"，做了一

> 静观默察，烂熟于心，然后凝神结想，一挥而就。
> ——鲁迅

个总结，体现出作者结构清晰的行文布局。《孙子兵法·始计篇》结构图如图 3-15 所示。

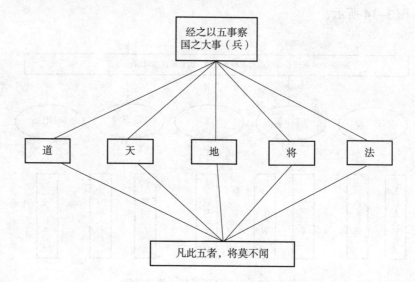

图 3-15 《孙子兵法·始计篇》结构图

本节小结

如果作者传达给读者的思想已经事先进行了归类和概括，并且按自上而下的顺序呈现，读者就能更容易理解作者表达的思想。

本节重点介绍了行文的纵向谱系，从三个方面陈述了以上统下的作用和意义，通过论证纵向联系，你可以引导一种疑问/回答式的对话，从而使读者带着极大兴趣了解你的思路进展。采用纵向联系能够很好地吸引读者的注意力。

第五节　轮到你了

1. 请运用本章所学知识，以"急"为题写出一篇不少于 500 字的文章。

2. 请判断下面这段话中，SCQA 四要素分别是什么？

"如何在风险可控的前提下，促进业务快速发展？近年来，我公司业务得到快速发展，但随着行业市场分化趋势日益明显，我公司业务面临的风险管理压力日益增加。因此，我们应根据区域特点，确定差异化方针政策。"

3. "每个人都在努力做更好的自己，为自己制订了很多计划。但是因为自己一个人无法坚持，没几天就放弃了或者松懈了，长期处于焦虑之中。对此，我们应该怎么办呢？加入 21 天训练营，3 节微课，每日打卡，一群正能量小伙伴与你一起互相监督学习，成为更好的自己！"请运用 SCQA 法则写出这段序言的任意两种变体。

4. 假如要写篇文章《我的第一桶金》，尝试构建演绎结构的框架。

5. 假如写一篇"狗应当被当作宠物来养"为主题的论证性文章，请列出该文章的纵向结构图。

第四章

肉——像剪裁大师一样剪裁你的素材

为了使主题变得生动,我们从日常生活中取来的某一题材,它本身常常是一种"没有顺序""没有秩序"的东西。我们把它拿来拆散,一如孩童堆砌积木那样,把它试验着堆砌起来,再拆开,再试着用另一种方法堆砌起来。

——小林多喜二,日本作家

第一节
为文需时时留心步步留意——素材的收集

人之所以区别于骷髅，就在于骨架上附着有血肉，内里跳动着心脏，活跃着灵魂。一篇文章就像这样，中心思想乃人之魂，文章结构乃人体之骨架，而骨架上的血肉正好比文章的材料。但血肉要正好，方才显得人体好看，太多会显肥，太少会失之于单薄。文章的材料亦如是，太多会显得文章臃肿不堪，太少会显得文章过于肤浅，文章立意无可附着。因此，如何搜集材料、组织材料和正确地使用材料是写作过程中非常重要的一环。

这里首先面对的是从何搜集写作材料的问题。

一、经验为写作材料的第一来源

叶圣陶先生在《落花水面皆文章》中明确说过："写作材料应该以自己的经验为范围。"写作不是无根之木，无源之水，需要一定的基础作为素材来源，这个基础，指的就是我们的生活。

这个世界每天都在发生着大大小小的事情，但是有的人毫无感知，糊里糊涂过一生，有的人却每天都有新的发现、新的感触。有心的人会将这些看似平淡的事情收集起来，经过加工、提炼，再赋予深刻的内涵，生活就变成了艺术。所以，正如大家平日听音乐的感受，听天籁之音时闭上眼睛能看到星空，能感受到微风的吹拂，能听到昆虫的鸣唱，而听到命运交响曲时也会泪流满面，正是音乐和自己的内心情感产生了契合。又比如画家，一根枯草、一茎枯荷、一椽破屋、一艘渔舟，无一不来自大家平日所见，但融入了作者自己的情感之后，也能引起观众的共鸣。写作更是如此，家长里短、市井万象，经过作者艺术化的加工之后便能够成为优秀的作品，究其原因就在于无论是读者还是作者，都有间接的或直接的、共同的生活体验，所以作品才能打动人心。

> 灵感，这是一个不喜欢采访懒汉的客人。
> ——车尔尼雪夫斯基，俄国哲学家、文学评论家、作家

笔乃心灵之舌。
——塞万提斯，西班牙作家

因此，大凡优秀作者，在创作时都会有一段生活体验的经历，其目的正在于为作品收集素材，也可以这样说，有了一定的、真正的生活经验，作品才会显得真实可信。

二、经验需要洗练，力图正确、深切

并非所有的生活经验都可以作为写作素材出现在作品中，只有那些经过岁月洗练和多重维度评估，几近正确和真正深切的素材才可以作为题材被作者所用。

这里首先要区别材料、素材和题材三者之间的关系与区别：

凡是可以用来作为写作内容的人、事、物和书本知识，包括经验，都可以叫作材料。

素材是指未经作者加工、尚未提炼的原始材料（生活中的人、事、物和书本知识），它们是感性的、零散的。我们常说的灵感就属于素材的来源。

而题材是指经过作者加工、提炼后，对表现主题有用的、写进文章中的内容。无论是素材也好，材料也罢，都必须经过提炼、概括，使之成为题材，才能拿来被文章所用。换句话说，材料是原始的，素材是备用的，题材是入文的。

所以，材料是统称，未加工过的材料称素材，写入文章的材料叫题材。三者的关系如图4-1所示。

真实的创作灵感，只能来源于现实生活。
——邓拓，现代作家

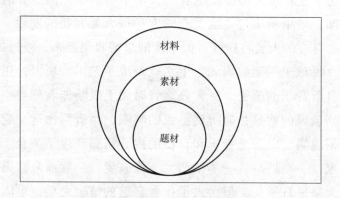

图4-1 题材、素材与材料关系图

婴儿们也都会有一定的生活经验，比如他们饿了、不舒服了就会用哭声来引起大人的注意，从而获得关爱。再大一点，会习得一定的技能来进行读书、学习、思考、交流、工作等活动，但是不同的人依然会在同样的事情上呈现出不同的深度和广度。比如同样是看一部电影，许多观众虽然内心非常受冲击，但苦于无法表达自己的情感，而学过电影专业的人却可以从电影的情节、美学、镜头运用或其他方面专业地分析，并且很恰当地运用各种途径和表达手法表达自己的观点和思想。在这个维度上，正是学习过程加深了后者的生活经验。再比如许多成年人总喜欢对少年说，"我走过的桥比你走过的路都多，我吃过的盐比你吃过的饭都多"。尽管很多时候这句话往往用来形容经验主义者，但不可否认的是一个阅历丰富的人比一个涉世未深的人经验更加可信，因为，丰富的阅历正是检验经验的一种方式。

因此，批判性写作追求的应该正是这样的途径：由经验出发，再去论证，到总结经验，最后求真，如图 4-2 所示。

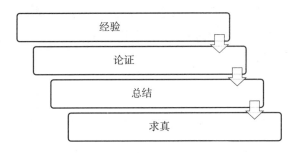

图 4-2　批判性写作的途径

三、做"时时留心、步步留意"的有心人

《红楼梦》第三回林黛玉初进贾府时，始终"时时留心、步步留意"，唯恐被别人耻笑了去。黛玉事实上留心和留意的正是贾府各种人物、事物、景物，再将这些信息在心里暗暗做出提炼、归纳之后，最终做出一个相对合理、适当的结论，由此再进一步指导自己的行动。曹雪芹借助黛玉的眼睛让主要人物一个一个出场，并借助黛玉的见闻，一个一个揭示人物的背景、性格，从而使一部鸿篇巨制，徐徐呈现在世人面前。

在明确自己的写作目的之后，接下来要开始的就是素材的收集阶段，充分的素材是保证合理编辑和剪辑素材的前提。然而要收集素材虽然可以有多种渠道，比如经验、书本知识、网络媒体

> 取材不在远，只消在充实的人生之中。
> ——歌德，德国作家、思想家

> 作家应该写他所熟悉的，写他所生活的那个环境。
> ——安徒生，丹麦作家

如果作家总是睁着眼睛，那么他从空气中也可以获得小说的素材。从火车上、船上、报刊上、人们的交谈中等许许多多场合都可以获得优秀的小说素材。经过几年的磨炼，观察就自然了，目光自然就会选择有用的东西。

——普列姆昌德，印度近代作家

等，但如果做不到"时时留心、步步留意"，写作大概会永远停留在镜花水月阶段，便谈不上人们常说的对材料进行"去粗取精、去伪存真、由此及彼、由表及里"的改造过程。这方面可以学习很多记者、律师的做法，他们一般有敏锐的观察力、深刻的洞察力以及高超的逻辑归纳能力。他们会时刻留意身边的人或事，说不定在普通人看来再平常不过的一件小事，对于他们来说都是足以震撼世人的素材和线索来源。但这并不是说他们天赋异禀，只是因为长期以来细致观察、善于思考和分析的习惯，使他们养成了能够将许多不同的看似微不足道的事情融会贯通的能力。

总结上文，可以将写作的收集材料阶段看作一个倒序的过程：在平时，首先要时时留心、步步留意来获取素材；其次，获取素材的最好来源是自己的经验；最后，经验需要进行提炼，直到变得接近真切和深刻才能为文所用。写作素材获取及使用流程如图4-3所示。

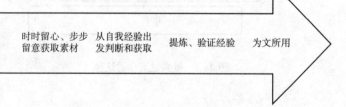

图4-3 写作素材获取及使用流程

> **本节小结**
>
> 1. 写作的前提是需要有足够的素材。
> 2. 足够的素材是保证合理剪裁素材的前提。
> 3. 要用"时时留心、步步留意"的习惯来获取素材。
> 4. 素材首先来自作者自己的个人经验。
> 5. 个人经验需要经过分析和验证才能成为真正的题材，才能被文章所用。

第二节
用头脑风暴打开灵感泉源——素材的开拓

> 凯瑞对着电脑已经很长时间了，可是一个字都没写。
>
> 她想写一篇关于"动物保护"的文章，意在引起人们对动物保护的重视。但是她从来没有养过任何动物，她对动物并不了解，她发现自己无法继续下去。
>
> 所以她关上电脑，拿出纸和笔，然后闭上眼睛，静静冥想。
>
> 脑子中开始出现一幅一幅的画面：
>
> 各种各样的动物，猫、狗……体型大的、体型小的……
>
> 各种各样的人，白人、黑人、黄色人种；老人、小孩、年轻的男女……
>
> 各种各样的动作，亲吻、抚摸、牵手、拥抱……
>
> 各种各样的表情，幸福、孤独、依恋、爱和眼泪……
>
> 还有，猎枪、屠杀、饭桌……
>
> 凯瑞睁开眼时发现面前的纸上画满了各种各样的符号，但每个符号她都记得它的含义，她快速动笔，她已经知道自己该怎样写了。

很多时候，写作者在拿起笔的时候就像凯瑞一样，往往并不知道自己该从什么地方开始写，尽管他们已经知道了要表达的对象和目的。这个时候，可以借助头脑风暴来打开思维，搜罗材料。

头脑风暴是个很形象的说法。顾名思义，是让头脑在面对一个特定的领域或者主题时无拘无束地产生各种创意，当更多的人参与的时候，其产生的效应完全可能是风暴式的。许多人都以为头脑风暴只适合于团队解决问题，但其实，它对打开个人思维同样重要，它类似于当你不知如何下笔时"写就好了"这句话。

写就好了！完全不用管你写出的内容跟主题有多大关系，毕竟只有开始了才可能有完成，完成比完美更重要。

一、在进行头脑风暴之前需要创设一定的环境和条件

在进行头脑风暴时需要有以下条件支持：

1. 干净的纸张，黑色的和彩色的笔。这些有助于激发创意、及时记录所思所想，彩色的笔也更加能够使创意可视化。

2. 各色各样的即时贴，这些有助于材料整理。

3. 相对不容易受人打扰的空间。这个有助于帮助集中注意力，提高工作效率。

4. 清醒的头脑和创作的欲望。当然，没有了这个一切都是空谈。

二、进行头脑风暴时需要遵守一定的规则

许多人会有误解，认为规则的产生一定会限制点子的产生，或者束缚个体的创造力，其实不然，合适的规则会让事情变得更简单。

头脑风暴需要遵守下列规则：

（一）充分打开，想法越多越好

很多人总是追求有用，但凡产生的材料一切都以有用为前提，如果是这样，那么自然就会使材料首先在数量上大大缩减。事实上，判断材料是否有用，一定是建立在材料足够多的基础上，这样，写作者才有可能大刀阔斧地根据主题需要进行删减和调整。另一方面，每一个材料从产生到被抛弃，一定是经历了创作主体的深思熟虑的过程，因此头脑风暴的第一个作用和目的就是找出更多的有可能成为题材的素材。

需要注意的一点是，最好把每一个想法都写在即时贴上，而

> 要说服自己，你是在捏黏土，不是在刻石雕，写在纸上也是可以修改的，下笔的第一句越蠢越好。反正写出来之后，你也不会冲出去把它打印出来。将它放在一边，然后写下一句即可。
> ——雅克·巴曾，美国历史学家、散文家

且字越大越好。

（二）不要戴着有色眼镜去看每一个想法

这里的有色眼镜是指审查和评判。大多数人在进行创作时心中往往有个预期，预期的方向、预期的内容、预期的效应，所以在激发思维的时候很容易单向思维，一旦产生跟预期目标不同的点子时自己就先予以否定：这个不行，那个更不行。当否定的声音产生得多了的时候，就很容易阻滞思维，最终使思维陷入停顿状态，创作的下一步便无法展开。

（三）大胆接纳不同寻常的想法

创意写作中很多作品之所以取胜，恰恰在于它们的不循常规。比如玄幻作品、穿越作品等，正是不同寻常、不合常规的想法和设定引起了读者的好奇心。在一些理性写作中同样如此。因此，不要考虑你的想法靠不靠谱。这些想法可能完全超出预料，甚至不可思议，但是它们当中的某一个有可能非常有用，或者至少为作者的思考指引方向，更加容易激发创造力。

（四）合并改进想法

当头脑风暴进行到一定阶段时，便可以进行收尾阶段了。但是因为之前呈现出来的想法都是看似散乱的、没有联系的，这时候便需要用归类合并的方法将所有的想法串成一个有机的整体。

三、合并材料时的方法

这个阶段可以运用之前提到的一些材料：各式即时贴和彩色笔，然后遵循以下步骤：

1.仔细观察每一个想法，将它们按大概类别贴在不同区域。并且类别之间画出明确的分割线。

2.仔细斟酌初步分好的类别，想出一个准确的词语来概括，写下这个词语，并将它贴在相对应材料上方。（注意：写下的词语所用的即时贴颜色尽量不同。）

3. 根据概括词语，进一步调整下方材料的归类。

当进一步审视原始材料和归类词语时，就会发现总有一些是无法对应的，或者彼此之前的契合度比较低，这时候就需要重新调整。

4. 将无法归入任何一类的想法单独归为一类，贴在旁边。

也不要随意扔掉无法归类的卡片，它们也有可能是闪光点和点睛之笔。

经过以上四个阶段后就会发现，本来无从下笔的状态会彻底改变，材料充足、逻辑清晰，再动笔就会事半功倍。

举个例子：

假如你的老板想要在某高校里开一个咖啡厅，现在需要你来写一个策划方案，但是你之前完全没有写过类似的文件，又或者对经营咖啡厅完全不懂，就可以采用头脑风暴的方法理清思路。

拿出一张纸来，随便写下大脑中闪现的任意词组（或者场景、句子、人物……），可能会出现以下文字：

咖啡杯、座位、花、蜡烛、心形、帽子、男生、女生、老师、香味、微笑、放学铃声、1号楼、2号楼……萨克斯、人来人往、蔬菜、牛肉、碰杯、微笑、春暖花开、老板的脸、钱、飞着的传单、电脑、书、等待、落地窗、盆栽……

这些在头脑中闪现的词看起来散乱无比、毫无关联，但是稍加整理就会发现，它们彼此之间可以成为某一个策划方案要素的构成部分，比如：

咖啡杯、座位、蜡烛、心形、落地窗、盆栽、书，这些都跟环境设置有关；

男生、女生、老师，这些都跟客户主体有关；

1号楼、2号楼……跟选址有关；

香味、微笑、萨克斯、花朵，跟氛围有关；

书、等待、帽子，很可能是你心中设想的客户在咖啡厅中呈现的状态，也就是要达到的效果有关；

飞着的传单、电脑，很可能是你规划的宣传方式和渠道；

春暖花开可以看作时间，也可以看作氛围营造；

老板的脸、钱，不用说了，这一定跟收益有关。

××咖啡厅策划方案思路整理见表4-1。

> 你要允许自己有写不好的权利。总得大体上写完，才能开始修改。即便是再妙的句子，你也只能暂时放在那里继续向前写，一直写到最后。到那时，你很有可能会有不同的感受。
> ——拉里·吉尔巴特，美国编剧

表 4-1　××咖啡厅策划方案思路整理

选址	1号楼	2号楼	……			
客户主体	学生	教师	校外人士			
环境布置	书	桌椅	蜡烛	落地窗	盆栽	其他
氛围	音乐	花朵	香味	微笑		
效果	安静	放松				
宣传方式	宣传单页	网络推送				
开业时间	春天					
盈利	具体测算					

经过这样的整理就会发现，基本上一个策划书所包含的要点已经全部具备，剩下的就是按照归类补充细节了。

因此，头脑风暴是我们创造、收集和组织材料的一个有效的工具，可以利用它进行写作前的准备，也可以从头脑风暴开始写作。值得一提的是，头脑风暴的次数进行得越多越好。

真正的虚心，是自己毫无成见，思想完全解放，不受任何束缚，对一切采取实事求是的态度，具体分析情况。对于任何方面反映的意见，都要加以考虑，不要听不进去。

——邓拓，现代作家

本节小结

1. 头脑风暴不仅适合团队解决问题，也同样适合个人创作。

2. 头脑风暴是在明确写作目标和对象之后开始进行写作的重要一环。

3. 头脑风暴需要一定的条件和规则，不轻易评判、否认是关键。

4. 头脑风暴是一个系列的过程，包括规则制定、创意激发、材料归类和细节补充。

第三节
用思维导图建造大脑图书馆
——素材的整理与创新

小林一直为自己的记忆力不好而苦恼，前面看过的东西后面很快就忘了，直到有一天他看见一本书的名字——《聪明人的一张纸工作整理术》。这本书的大概内容是讲，会高效工作的人都可以使用逻辑化的方法，结合文字和图表将工作整理成一张纸。

小林茅塞顿开，如果我要写一篇文章是不是可以先用一张图的方式整理出我的思路呢？如果我要背诵一个章节的知识点，是不是也可以采用这种方法呢？如果在实习中老板要我去搞一个市场调研，我在写汇报书的时候不是也可以这样做吗？

小林经过尝试，发现了许多人都在使用的思维导图，它的确可以用在许多地方。面对自己记忆力不好的情况，一张思维导图就可以使自己掌握问题全貌，并且每一个细节都可以在纸上体现出来。尤其是在写作方面，写作一直是小林的弱项，向来不知道问题出在哪里。练习了思维导图之后他发现，写作时思维导图可以帮自己明确写作主题，并且在收集材料时可以按图索骥，从此再也不会东拉西扯，不知所云了。

图书馆一直是最受人们欢迎的地方之一，人们在里面可以尽情享受书香氛围，放松心情，学习海量知识。但是试想一下，如果图书馆里的书籍摆放得非常凌乱，找一本书总是需要半天的时间，又或者这本书本应该在文学类别，但是你费了九牛二虎之力终于在美学类别的书架上找到了，你还会喜欢图书馆吗？

写作是大脑所进行的一项高级活动，需要用语言把大脑中的思维表现出来。如果大脑中的信息量充足，就会有足够多要表达的内容，反之，则会内容贫弱。但是这些素材需要经过巧妙的剪裁和整合，表现出来的文章才会剪裁恰当、布局合理、逻辑清晰，反之则会思路混淆、线索凌乱，给人不知所云之感。

可见，写作正如同建造一座大脑图书馆，要写好有两个前提：

1. 要占有足够的材料。
2. 要对这些材料进行合理的整理和分析。

在这两个前提之上，如果能够对文章素材进行发散性和创新性的思考，文章定会推陈出新，这就需要用到本节着重介绍的工具——思维导图。

一、思维导图是什么？

20世纪60年代，由英国大脑基金会总裁，世界脑力锦标赛创始人，有"世界大脑先生"之称的东尼·博赞先生在研究大脑的力量和潜能的过程中发现，像达·芬奇这样伟大的艺术家，都会使用许多图画、代号和连线，包括色彩，通过图文并茂的方式来记录思想，这激起了他研究超级大脑的兴趣，并且终于根据心理学、神经生理学、语言学、神经语言学、信息论、记忆技巧、理解力、创意思考等发明了瑞士军刀式的快速学习与思维工具——思维导图。

说得简单点，思维导图是一种以图像为基础的结构化扩散思考模式，通过分类与阶层化的概念，以树状结构为主、网状脉络为辅的方式，系统化整合资讯。

二、思维导图与写作

东尼·博赞曾说，思维导图可以应用到工作和生活的各个层面，应用到所有需要大脑思考的地方，只要你愿意尝试去用。同样地，思维导图也可以运用到写作方面，利用思维导图，写作将变成一件有趣而容易进行的事情。

上文提到，写作是人类大脑所进行的一项高级活动，而写作的过程就像建造一座大脑图书馆。最新的大脑神经科学研究表

> 进入你大脑的每一条信息、每一种感觉、记忆或是思想（包括每一个词汇、数字、代码、事物、香味、线条、色彩、图像、节拍、音符和纹路）都可以作为一个中心球体表现出来，从这个中心球体可以放射出几十、几百、几千、几百万只钩子。每只钩子代表一个联想，每个联想都有其自身无限多的连接及联系。你已经使用到的这些联系，可以被认为是你的记忆，你的数据库，或是你的图书馆。当你阅读这些词汇的时候，你可能始终会坚信不疑，即包含在思维之中并阅读着这些东西的就是一个数据处理系统，它比这个世界上所有最先进的计算分析、储存能力加起来还要出色。
>
> ——英国教育家、心理学家东尼·博赞《思维导图》

明，我们的大脑对信息与资讯的记忆、存储、提取都是通过神经元之间的交互连接实现的。从孩童时期到渐渐成长，人们大脑中的信息量越来越多，当这些信息量多到一定程度时，大脑会自动随着人们的兴趣爱好、特长等，对这些信息进行分类、存储，再加上人类所受的教育、训练，就会形成一些自觉的思维模式。但是有些人的思维逻辑性很强，有些人的逻辑性却很弱，从而造成表达能力上的差异，究其原因，跟使用的思维方法有关。下面具体来看使用思维导图对写作所产生的重要作用。

（一）写作需要借助各种途径收集素材

写作时在确定行文目的和读者对象后，接下来最重要的一环便是收集素材了。素材收集可以通过多种途径，比如人们经常使用的有实地采访、书籍资料查阅、电子信息浏览等，这些原始材料的积累决定了写作的过程是否能够顺利进行。收集到的素材越多，最终可供文章选择的余地就越大。反之，写作就变成了"巧妇难为无米之炊"，即使勉强完成了，也会觉得寡淡无味。

（二）利用思维导图对写作素材进行编辑和整理

大家经常会听到"十年磨一剑"的说法，意指通过很长时间的准备完成一部优秀的作品，这个作品或者是一部电影，或者是一部小说，或者是一幅名画，总之，厚积薄发而来的作品无论是作品的内容深度还是表现形式等，都会优于那些草草而就的作品。

换言之，一部作品在它呈现在观众面前时必定是经过了无数次的增删修改，其中仅素材整理和结构调整就是一个巨大的工程。但是，利用思维导图则可以大大减轻这个工作量。

"六顶思考帽"思维导图如图 4-4 所示。

（三）利用思维导图进行写作的优势

1.思维导图的逻辑性能帮助我们建构写作素材。

思维导图的结构类似于大脑神经元网络分布图形。它往往是从一个点或者一个关键词入手，随着研究的深入，逐步扩散开来，最后形成一个相互联系又不断延伸的脉络结构图。这里要注

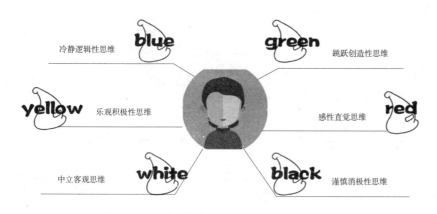

图 4-4 "六项思考帽"思维导图

意的是每一个从中心发散出来的分支都代表着一个独立的层次,在这个分支上的每一个小分支都在这个大的分支的范畴之下。因此,一张导图看起来由很多分支组成,但是总体上又逻辑分明。

2. 思维导图的发散性能帮助写作者创新写作素材。

众所周知,写作是一项创造性的活动,需要作者围绕主题进行大胆想象和创作,发散性思维和创新性思维尤其重要。

思维导图的特征就在于借助色彩、图像、符号、线条,结合文字再现作者的思维。这种可视化极强的方式,相对于单纯的文字表达方式而言,成功地调动了左、右脑,使它们通力配合,人类的逻辑性、创造性都被充分激发了出来。

随着分支越来越细,人类思维的触角也越伸越远,在搜集素材时的范围便会越来越大,深度也会越来越深。

利用这种发散性思维导图的结构写作时,人们可以围绕某个关键词进行自由发散,可以从根本上解决不知道怎么写的难题。另外,由于每个人的经历和思维都不一样,所以写出来的作品都有其特殊性。

试看以下例子:

每一年的年终,许多单位都会进入述职阶段,而年终述职和汇报的好坏可能直接影响你下一年度的工作。面对这个问题,可以请思维导图来帮忙,图 4-5 是某高校通识教育学院在述职前所做的思维导图。

> 传统的看法认为,给人们的教育越多,他们彼此相似的程度就越高,发散性思维却显示,情况刚好相反:给人们的教育越多,不断增长的联想网络就越与众不同。
> ——东尼·博赞
> 《思维导图》

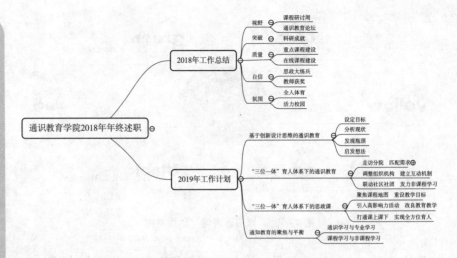

图 4-5 某高校通识教育学院年终述职思维导图

有了这个思维导图，就等于将述职素材按照这样的逻辑结构起来，之后就可以填充细节了，这样的流程自然、流畅、清晰。

三、资料链接

手绘思维导图的 N 个理由

1.手绘是掌握思维导图的基础，通过不断地手绘之后，可以快速地在我们的大脑内部建立神经连接，慢慢培养一种放射性全面思考问题的习惯和思维模式。手绘的线条会给大脑留下很深的轨迹，这些轨迹就是大脑内部的电脉冲信号的通道，如果是电脑绘图，就不会有这样的效果，这是因为电脑绘图时，分支是自动添加的，我们大脑记忆的信号只是按回车键添加分支和插入下一级分支而已。

2.用电脑绘制思维导图的分支时，我们可以增加很多分支，每一个分支都可以无休止地延伸下去。而手绘会强迫我们做出总结和提炼，在一张纸这个有限的空间中展示更多的信息，用更精炼的文字表达清楚我们思考的内容，只保留最关键、最重要的信息在里面。

3.在团队学习方面，手绘会让参与者有更多的思想碰撞，从而产生更多的创意，有更多的交流，彼此对新的想法和创意的产生过程有更深刻的体验和感悟，人际关系会更加融洽，团队意识

> 你重复思维模式或图谱的次数越多，对他们造成的阻力就越小。因此，重复本身就增大了自我重复的可能性，这一点至关重要。换句话说，"思维事件"发生的次数越多，它再次发生的可能性就越大。
>
> ——东尼·博赞
> 《思维导图》

更强,成员之间也更有向心力和凝聚力。

4.手绘能更好地发挥大脑左脑和右脑的功能,让我们的大脑做出更多的尝试,无论是从线条的走向、图案的添加、颜色的运用,还是整体内容的布局,都会促使我们的大脑做出更多的创新性的思考,有利于大脑潜能的开发和运用。

5.思维导图是大脑思维方式和思考内容最好的呈现方式之一,通过手绘,会让我们的大脑有更多的思考,在不同的内容之间寻找和创造新的连接,而且手绘更符合大脑的思维和记忆模式。如果是手绘过的内容,大脑的记忆会特别深刻,而通过电脑绘制的图就没有这样特别明显的效果。

6.无论采用什么样的思考方式和表达方式,最重要的思考和创造工具是我们的大脑,是对我们大脑潜能的开发,而手绘的思维导图最符合我们大脑的思考模式和思维方式。更重要的一点是当我们用手绘制思维导图时,我们可以不再有外在的其他干扰,让我们的大脑全力以赴、集中精力去做一件事,从而成倍地提高我们的工作效率。

(节选自《画出你的世界——思维导图实战手册》,曲智男,电子工业出版社,P192-193)

••• **本节小结** •••

1.思维导图是一种很有效的结构化的工具。

2.思维导图几乎可以使用在任何你想要使用的地方。

3.思维导图可以帮助我们在写作时进行材料收集。

4.思维导图的发散性特点可以帮助我们创新写作素材。

第四节
削尽冗繁留清瘦——素材的编辑

有一天小曹接到一个上司交给他的任务：学校准备装修教师休息室，请他给出一个设计方案来。

小曹接到这个任务后很头疼，首先自己拿出一张纸开始构想。但是想了半天也没有想到点子，于是他干脆扔掉了纸笔。他想，让我设计的是教师休息室，我为什么一直坐在办公室里呢？

接下来小曹做了以下几件事情：

1. 观察现有的教师休息室，发现它们的设备并不陈旧，饮水机是新的，桌椅也是新的，柜子也够用。

2. 课前课后的时候他坐在教师休息室里观察教师们的行动，发现教师们最常做的有以下几件事情：

- 课前，尤其是中午的时候，他们需要休息，但是只能趴在桌子上睡。
- 课中，他们经常和同事们聊一聊课程、学生、学校的事情。
- 有时候，有些老师什么都不做，只是静静地望着窗外，但是因为窗边没有凳子，所以只能站着。
- 更多时候，老师们如果等待的时间稍微长一点，会从包里拿出自己带的书阅读。
- 还有，老师们需要找一个地方和学生谈话，但是休息室里各种声音都有，他们缺乏一个安静的空间。
- 小曹假想自己是一个教师，那么自己想要一个什么样的休息室呢？啊，是的，他希望这个休息室可以让自己感到放松、随意，但又随时可以进入工作状态；他希望自己会喜欢这个休息室，而不仅仅把它当作一个不得不来的地方。

做完了这些之后，小曹把这些材料打印出来，然后重新拿起纸笔，用彩笔、即时贴等在里面搜捡重点、勾画涂抹、寻找灵感，结合自己的专业知识，很快形成了一个集服务性、实用性，追求贴心、温暖、便利于一体的教师休息室方案。当小曹将方案交上去时得到了领导的表扬。

像上文的故事一样,有时候我们还需要进行一些比较复杂的写作活动,比如长篇小说、深度调查报告、方案设计、编写工具性的书籍等,对素材的驾驭就显得尤为重要。

在进行这类写作之前,一般来说创作者会通过各种各样的途径去搜集素材,文章的长度和难度决定了所需素材的数量和深度,因此,创作者可能会通过采访、调查、观察、文献查阅等综合性方法来搜集到大量的素材,而且搜集原始素材的时间有可能会持续很长一段时间。但是,面对这些原始的、散乱的素材,该如何加工从而使它们更好地服务于写作呢?

可以通过以下几个过程来进行:

> 写初稿的过程就像在等待宝丽来照片成像。一开始你看不到,也不应该看到最后成品的样子。
> ——安妮·莫拉特,美国小说家、散文家

一、分类——将相同的材料归为一类

虽然创作者一开始收集到的素材是散乱无章的,但是它们之间总会有内在的联系,可以初步将这些材料按照相同的属性进行分块,打包在一起,并且分别命名。如果文件不多,最起码应该建立一个单独的文档。或者,在创作者的结构化思维和逻辑性达到一定的水准时,搜集材料之前首先会按照一定的逻辑建立相应的文件包,然后把搜集到的素材一一对应放进去,这样在整理的时候就会更加省力,这在金字塔原理中属于典型的归类分组。

二、重组——按照一定的逻辑结构调整顺序

归类分组看似简单,但是因为每个作者在进行创作时的思维逻辑不一样,以及文章所需的体例不同,对材料的线索组织也会不一样。比如某单位要为成立 20 周年写大事记,那么一定会按照时间线索来组织材料,这个时候,就可以把素材按照公司初创期、发展期、现在和未来规划这样的时间历程来组织,如图 4-6 所示。如果学校在招生期间有一批新生和家长来参观校园,作为导游的你有可能按照移步换景的方法向参观者介绍学校,那么在准备素材的时候就需要首先按照空间结构的方法规划,如图 4-7 所示。当然,在每一个具体的点上,可能又会涉及更详细的信息,包括发展历程、特点、作用等,这在金字塔原理中又是典型

的以上统下了。同样,在进行其他比较复杂的写作时,一样涉及逻辑线索的问题。我们在第一个过程中收集到的素材就像一颗颗独立的珍珠,需要靠这条线索将它们串成漂亮的珍珠项链。

图 4-6　按照时间线索组织素材

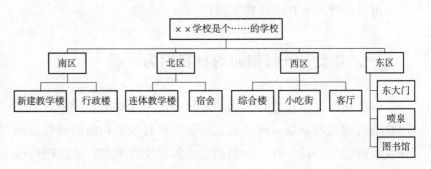

图 4-7　按照空间结构组织素材

还有一种更简单的方法,就是列表法。表格的优势就在于条理分明。我们可以将收集到的每一类素材用一个关键词或者一句话归纳,然后把这些词或句子按照顺序集中在一张表上,加上序号。这样等于所有的素材内容都会呈现在作者面前,便于作者整体浏览和思考。当作者明确自己的逻辑结构时,只需要调整素材条目的序号,就可以轻松地将原始素材分类重组。某大学生创新创业团队撰写策划书思路调整过程见表 4-2。

表 4-2　某大学生创新创业团队撰写策划书思路调整过程

序号	素材名称	顺序调整
1	项目背景调研	2
2	预算方案	5
3	项目简介	3
4	可行性分析	4
5	主题创意筛选及拟定	1

三、整合——运用适合的工具和方式对素材进行深加工

是不是将素材重组之后就可以直接进入创作阶段了呢？别急，还需要一个过程——整合。

一般来说，现代人在进行创作时都会使用电子工具，如电脑、手机等工具，但是对于复杂写作来说，可以采用电子工具加纸质媒介的方式，两者各有各的优势。

对于电脑来说，打字的速度明显快于手写，而且方便反复修改，之前搜集的素材也基本上都是在电脑里分类存放，再加上时代原因，出版社、单位所要求的稿子都会是电子版的方式，电子版也很容易打印成纸质版，因此，在创作时一般人会使用电子化的工具。

但是，纸媒有电子工具永远取代不了的优势，比如阅读时眼睛的舒适度较高，纸和笔结合是最佳的创作工具，当人们拿起笔时会不自觉地将自己的思维在纸上具象化，思维也更容易充分展开。另外，借助图像、颜色、符号等，更加有利于右脑开发，创造性更高。所以大多数创作者更主张在进行正式写作之前将之前经过重组的素材打印成纸质手稿，然后利用以下方式进行整合：

（一）借助彩色笔、荧光笔等工具整理重点

相对于纯粹黑色的页面，色彩总是能够让人眼前一亮，且让人心情愉悦，因此用彩色笔或者荧光笔标注比较重要的内容，无论什么时候翻起来都会在第一时间内引起作者和读者的注意。但是，需要说明的是，并不是颜色越多越好，颜色太多不但不能起到醒目的作用，反而会因为色彩斑驳而扰乱人的视线，让作者找不到重点。在一张纸上呈现的色彩种类最理想的就像一个人的穿衣一样，最好不超过三种，最多不超过四种，也因此，市面上及互联网上三色笔、四色笔很常见。

（二）借助思维导图、线条、圆圈、图画等方式活现原始素材

大多数人随着年龄增长，及功利性的应试、工作等需求，更

> 为了写得好，必须充分地掌握题材，必须对题材有足够的思索，以便清楚地看出思想的层次，把思想构成一个连贯体，一个连续而不断的链条。
>
> ——布封，法国博物学家、作家

加注重左脑的使用和开发，但是主管想象力、绘画、音乐、舞蹈、情感等的右脑功能却因为被忽视而日渐退化。左右脑同时开发可以更加有利于人们进行创作，也更加有助于人们在自己所擅长领域内的成功。像达·芬奇这样的大画家，他的手稿也不是单纯的图画，而是兼具图画、符号和文字，东尼·伯赞正是基于这种研究和设想创制了思维导图。事实证明，思维导图对人们的工作、学习和生活的各个方面都非常有帮助。

因此，面对原始的、已经经过整理重组的素材，大脑完全可以借助思维导图以及其他思维工具进行二次设计。在这个阶段，大脑更加明白自己需要什么，或者不需要什么。如果你使用的是思维导图的话，最好能够手绘导图，因为借助颜色、线条、图画与单纯的文字比较起来更加能够激发大脑的创作欲望。

因此，借助这个阶段的梳理，创作者更容易明白哪些素材是多余的，需要删除，哪些素材还不够充分，还需要继续收集。同时，也对经过初步加工的素材进行了二次加工，使它们的结构更加合理、更加有逻辑性。

（三）使用高效笔记法分析和加工素材

在对素材进行加工时，我们也可以采用一些高效笔记的方法来促进大脑思考，如经过许多人实践过的"黄金三分法"，就是一种深受学生、职场人士喜爱的方法，如图4-8、图4-9、图4-10、图4-11所示。

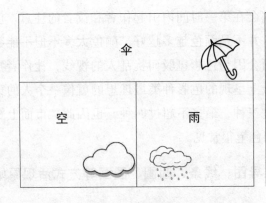

图4-8 麦肯锡公司的"空·雨·伞"三分法

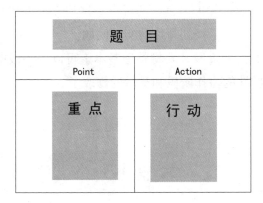

图 4-9　埃森哲公司"Point Sheet"格式

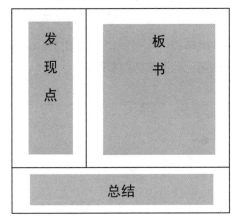

图 4-10　康奈尔笔记本

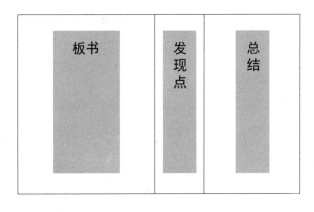

图 4-11　东京大学录取生笔记本

这些笔记方法形式上大同小异，但是它们都有一个共同的内核，即不仅仅局限于表面现象，而是针对现象能够进一步地发现问题、分析问题,并提出自己的观点,这种方法更加有助于思维的训练,更加有助于找到写作的实质问题。

经过以上三个阶段,素材整理基本上可以告一段落,剩下的就是进行实质性的写作阶段和最后的修改了。

本节小结

在进行写作时,需要收集大量的素材,但这并不是最终结果。需要通过科学合理的方法来进行编辑,删掉不符合主题需要的材料,留下文章真正需要的。可以遵循分类——重组——整合的过程进行,中间可以借助多数人都在使用的优秀笔记方法来协助整理。

第五节　轮到你了

1. 你对"文学创作必须有真正的生活"这句话怎么看？写一段不少于 200 字的文字表明自己的观点。

2. 和你的团队选择一个即将开始或者正在进行的项目，使用头脑风暴的方法获取更多的创意吧！别忘了，你是项目负责人，你需要组织好整个流程，营造和谐开放的气氛，并和伙伴一起做好后续的整理工作哦！

3. 什么都不说了，学会用思维导图帮助自己做日程安排、知识归纳与复习、处理日常事务、收集和整理工作素材、阅读与写作吧！请选择其中一个内容进行练习（最好你有一支四色笔，或者更多颜色的彩笔，请把每次练习都当作最佳作品的练习）。

4. 复述本章中关于整理和剪辑素材的方法，并用高效笔记的方法记录出来。

第五章

色——像微雕大师一样雕琢你的语言

语言是思想的外衣。

——塞·约翰逊,英国作家

第一节
落霞与孤鹜齐飞——文字的表达张力

> 唐朝有个和尚，法号齐己。齐己和尚很喜欢写诗，是个诗僧。他有个好友名郑谷，也是当时的诗人。因为他们都写诗，自然能谈得来。
>
> 有次，齐己写了一首诗，叫《早梅》，其中有两句："前村深雪里，昨夜数枝开。"过了几天，郑谷来串门。齐己和尚对他说："我写了一首诗，你给我看看怎么样？"郑谷看完，说："写得好，意境很好，情致也很高。但有一点，你写的是早梅，前村深雪里，昨夜数枝开。早梅就是早开的梅花，一般不会数枝开，数枝就是开了一片啦，我觉得应该把数枝改成一枝。前村深雪里，昨夜一枝开，这就显得这梅花是早开的梅花。"
>
> 齐己和尚一听，恭恭敬敬地向郑谷拜了一拜，说："改得好！你真是我的一字之师啊。"
>
> 摘自：（宋）计有功《唐诗纪事》

写作是一个对文字精心雕琢的过程，一字之差情致意韵便相差万里。因此请善待文字，让这个最小的语言单位在千变万化、拆解组合中表达人类丰富多元的思想，让字字珠玑、句句精妙、令唇齿留香的文墨，在瞬息间触动电光石火般的想象。阅读者可以于文字间驰骋万里、穿越古今，可因一语中的而浮想联翩，也可因片言而开窍明理；可一言兴邦，可一言丧邦，可一言胜九鼎，可三寸抵万师；可细微至眼底人心，可辽阔至宇宙苍穹。

本章之所以用"落霞与孤鹜齐飞"作为题目，是因王勃《滕王阁序》脍炙人口的诗句既有细微的动，又有广阔的静，像极了人心，动情处细微如发，悲怆时豪情干云。雨过天晴，阳光朗

> 语言是思想的外衣。
> ——塞·约翰逊，英国作家

> 语言就是一架展延机，永远拉长感情。
> ——福楼拜《包法利夫人》

> 言辞是行动的影子。
> ——德谟克利特，古希腊哲学家

煦，飘浮的云霞与孤雁一起飞翔，秋天的江水和辽阔的天空连成一片，浑然一色。秋雁长鸣，云淡天阔。这就是文字的表达张力，极具"上穷碧落下黄泉"的神通。

一、能够产生脑力激荡的文字——诗的语言、哲学的思想

能够产生脑力激荡的文字不是鸡汤，不是豪言，更不是堆砌如山的比兴，是不知不觉中能够刻进灵魂的文字，是启智，是反思，是一种看似茫然实则若有所思的境界。

如丰子恺轻轻问一句："你住几楼？——人生有三层楼，第一层物质生活；第二层精神生活，第三层灵魂生活。"(《不宠不惊过一生》) 一语惊醒梦中人，在浑浑噩噩的人生中有几人意识到自己的分层，有几人独醒。而这句话如暗夜火把，如航海明灯，更如醍醐灌顶，让人陷入反省与沉思。好的语言就是这样，寥寥几笔却汇聚力量，凝结着作者人生的体悟与思考。

"你的问题主要在于读书不多而想得太多。"这句话出自杨绛先生对一位青年的回信。有个年轻人特别崇拜杨绛先生，于是便写了一封长信表达自己的人生困惑，没想到杨绛先生给他回信只写了一句话：你的问题主要在于读书不多而想得太多。有人说这其实只是一个故事，杨绛先生并没有说过这句话。但当久不读书者看到这句话时，那种震荡心灵的冲击还是久不能平的，感觉是第一次有一句话可以把自己形容得无处遁形——不读书、不思考，每天幻想着自己能如何成名，如何一夜暴富。感觉瞬间灵魂中竖起一面镜子，照出来自己的浅显自足和粗鄙简陋。

"也许每一个男子全都有过这样的两个女人，至少两个。娶了红玫瑰，久而久之，红的变成墙上的一抹蚊子血，白的还是'床前明月光'；娶了白玫瑰，白的便是衣服上的一粒饭粘子，红的却是心口上的一颗朱砂痣。"(张爱玲《红玫瑰与白玫瑰》) 张爱玲的语言在清淡冷漠中极具穿透力，不是力透纸背而是穿刺灵魂，这种对情爱看彻看透之后的清醒让人不寒而栗。在思想的震荡中令人不觉审视自己，所有的痛苦与纠结在瞬息间被

一语道破，点化顿悟。而有趣的是张爱玲的文字在深邃中又极具清晰、鲜明、刺目的画面感，红得刺心、白得耀目，冷的是墙，呆的是你。

好的语言集思考、表达、趣味、情致于一体，不是随心所欲地一吐为快。

二、能够产生想象画面的文字——字字斟酌，一字千金

有力量的文字一字胜千言，一语蕴万境。寥寥几字，寓意无穷，浅浅一句胜浅白无数，百炼为字，千炼为句。写作者只有对文字具有推敲谨慎的敬畏感才能于一字之别中体味出万千境界。

最有凝聚力量的语言来源于诗词艺术，这种瞬间浮想联翩的文字在唐诗宋词中屡见不鲜。写作者锤炼语言的捷径便是诵读诗词歌赋，积淀辞色，修炼词感。

古人作诗讲究千锤百炼。"三年成两句，欲语泪先流。"诗词语言精练，是诗人语言功力的表现。一方面，诗词源于生活，必须与生活相关；另一方面，诗词高于生活，它是对生活语言的提炼。所以，诗词语言必须经过反复地加工，层层提炼，方能成名句。杨载曾在《诗法家数》中说道："诗要炼字，字者眼也。"诗有名句，一句传千年。佳句大多是因为一个字眼而传神。例如，"春潮带雨晚来急，野渡无人舟自横。"其中的"急"与"横"就极富想象力，画面清晰逼真，令人如同身临其境。

《红楼梦》中，香菱曾经说："诗的好处，是语言无法表达的意境，有些描写看似无理，想去却是有情有理。"在香菱这个初学诗的人看来"大漠孤烟直，长河落日圆"中，"直"字似无理，"圆"字似太俗。但是只要一念到这句，就能想到其中的场景，再无词语可替换。"渡头余落日，墟里上孤烟"，这"余"字和"上"字，仿佛使人看到诗人当年住在渡头时，岸上没有人，只有几棵树，夕阳西下，远远地有几户人家在做饭的场景。这就是诗词的魅力，它将作者在生活中的情感经历用语言文字准确地展现出来。好的诗句应新奇而自然，如"卧看牵牛织女星"中的"卧"字，表现出人物的慵懒，凝练含蓄。"春风又绿江南岸，明

> 思考是我无限的国度，言语是我有翅的道具。
> ——席勒，德国文学家

> 言语是人类所使用的最有效果的药方。
> ——吉普林，英国作家

你的舌头就像一匹快马，它奔得太快，会把力气都奔完了。

——莎士比亚，英国诗人

月何时照我还"中的"绿"字，展现了春日里的勃勃生机。

《诗经·小雅·采薇》："昔我往矣，杨柳依依。今我来思，雨雪霏霏……"叠词的使用增加了语言的音律美，"杨柳""雨雪"等意象更加充满动态感。这些意象本身就带有一定的情感色彩，再加上诗人的有意搭配，就更是韵味无穷了。马致远的《天净沙·秋思》："枯藤老树昏鸦，小桥流水人家，古道西风瘦马。"该作品的意象搭配简直绝妙，藤是枯的，树是老的，古老的道路，在西风中瑟瑟的瘦马……字字传情，句句生景，既可入诗又可成画。再如白居易《问刘十九》"绿蚁新醅酒，红泥小火炉。晚来天欲雪，能饮一杯无？"我家新酿的米酒还未过滤，酒面上泛起一层绿泡，香气扑鼻。用红泥烧制成的烫酒用的小火炉也已准备好了。天色阴沉，看样子晚上即将要下雪，能否留下与我共饮一杯？这种生活感十足的场景，透露着惬意自在，闲散舒适，令人向往不已。

好的语言集想象、生活、美感、变化于一体，不是不加思索的堆砌拼凑。

三、能够产生行动力量的文字——成也文章，败也文章

有些文字蕴含着无限的张力和吸引力，能够促动人的冲动与行动，能够扩展人的生命半径和向往疆域。这种文字无疑是有力量的。

结构感十足的文字能够感召行动的脚步。譬如"那条白线很快向我们移来，逐渐拉长，变粗，横贯江面。再近些，只见白浪翻滚，形成一堵两丈多高的水墙。浪潮越来越近，犹如千万匹白色战马齐头并进，浩浩荡荡地飞奔而来；那声音如同山崩地裂，好像大地都被震得颤动起来。霎时，潮头奔腾西去，可是余波还在漫天卷地般涌来，江面上依旧风号浪吼。过了好久，钱塘江才恢复了平静。看看堤下，江水已经涨了两丈来高了。"（赵宗成、朱明元《观潮》）这段文字由远及近、由线到面、由急到缓、由闹至静、由平面到立体，在三维视阈下描述了钱塘观潮的壮丽图景。作者的语言带有自动变焦的伸缩镜头，令人心随景动，身随

境转。相信凡读这段文字的人都会心生向往,希望有朝一日能够身临其境,弄潮观景。这段运用时空交错的结构模式构成画面,足以诱惑人们向往的脚步。

至诚肺腑的文字能够唤醒迷茫,刺激心智,产生明确持久的行动力。"孩子,我要求你读书用功,不是因为我要你跟别人比成绩,而是因为,我希望你将来会拥有选择的权利。选择有意义、有时间的工作,而不是被迫谋生。当你的工作在你心中有意义,你就有成就感。当你的工作给你时间,不剥夺你的生活,你就有尊严;成就感和尊严,带给你快乐。"(龙应台《孩子,我为什么要求你用功读书》)这不是什么高谈阔论,也不是什么说教明理,它只是一个母亲对孩子发自肺腑的忠告。它比"我是为你好"的苦口婆心更加具体;它比"不好好读书会怎样怎样……"的恐吓来得温和;也比"知识改变命运"更具有说服力和责任感。有谁不想让自己的人生多一些选择权?多一些尊严?多一些快乐?没有选择的人生只有负重前行的窘迫,卑微无望的狼狈,身不由己的灰暗,无休无止的抱怨。尊严与快乐只属于能够自己做主的人,而这就是触动一个青年热爱学习最有力量的语言,每一个鼓点都敲到实处,让你惊醒,让你权衡对比,让你以读书为自己负责,不敢懈怠。

好的语言能够唤醒灵魂,促动行动,让灵魂和行动超乎一致地统一。

言语之力,大到可以从坟墓唤醒死人,可以把生者活埋,把侏儒变成巨无霸,把巨无霸彻底打垮。
——海涅,德国诗人

语言只是一种工具,通过它我们的意愿和思想就得到交流,它是我们灵魂的解释者。
——蒙田,法国思想家、作家

本节小结

文字的表达力需要千锤百炼的积淀,想要成为语言的驭手就必须掌握它的变化、汇聚它的能量、欣赏它的动力,在积累、品鉴、行动中达到游刃有余。

1. 让语言富有深意,能够唤醒思考。
2. 对每一个文字反复斟酌,追求最佳效果。
3. 给语言赋予生命,让其成为行动的推手。

第二节
删繁就简三秋树——语言的准确度

> 一个学生写了一篇关于爱情的文章,文章标题是这样的:《如果我活着我就要至死不渝地去爱!!!》,开篇直抒胸臆:"我的爱情只有我做得了主,我不允许任何人指手画脚强加阻拦,我的父母、我的亲人也不例外。"
>
> 这个标题的意思我们当然明白,但标题已经长达15个汉字,而且还用三个感叹号呐喊强调!实在感觉有点外强中干,回想一下我们的阅读库存似乎很难见到有如此冗长标题的文章。所以在写作拟题的过程中,需要提炼出一个简短精炼的标题才好。另外,就这个标题而言,啰唆还体现在两个"我"字的重复出现,至少可以去掉一个我,变成"如果活着,我就要至死不渝地去爱"。我在切磋时给了三个参考标题:分别是《如果爱……》《我的爱情忠贞不渝》《死了也要爱》。第一个还有一种悬念之感,第二个直抒胸臆,第三个带有较强的情感色彩。
>
> 至于开篇的那句呐喊那就更需要删繁就简了:我的爱情我做主!

语言必须删繁就简或精准提炼才能准确地表情达意。如果说能够使读者产生想象力、思考度和画面感是文字的张弛力,那能够精简表达、精准传递、精确概括则是语言需要从细微处韬光养晦的压缩力,也是不容忽视的力量。接下来我们从两个方面来分析语言的精准度。

一、一字千金——语言的清洁度

经常看到一些人的文字有种"隔靴搔痒""曲里拐弯""不清不楚""不明不白"抑或"味精太多""烦琐不堪"的感觉,再好的立意和思想也让人瞬间感觉索然无味,失去阅读兴趣。

在语言表达中常见的重复有两种:一是字、词、句的重复;二是表达意思的重复。因此写好文章后我们必须大声地诵读出来,凡自己卡壳的地方都需要斟酌推敲。比如下面的句子,读起来就会有烦琐累赘之嫌:

1. 每当这个时候,我就会和书中的人物同呼吸、同心跳、同命运。

2. 我在这套方案中,我不止一次表达了我和大家的意见。

3. 文章的中心思想、主旨、观点、论点都要关注。

4. 某某地区有一家夫妻老婆店……

5. "在春节期间,要努力搞好水运、海运、空运、陆运、铁路运输……"

6. "张某某,他的媳妇叫王某某,他有一个儿子、有一个闺女……"

7. 我就是江湖上人见人爱、花见花开、车见车载,人称上天入地、无所不能、英俊潇洒、风流倜傥、玉树临风、学富五车、高大威猛、拥有千万"粉丝"、迷倒万千少女号称一朵梨花压海棠的玉面小白龙,帅到掉渣!

上述列举的 7 个句子虽都属于不必要的重复,但各有各的问题所在。犹如"幸福的家庭都是相同的,不幸的家庭各有各的不幸"。我们一一分析其弊病所在。

句 1 中的三个"同",同呼吸、同心跳、同命运显得极为啰唆,不仅使句子显得冗长,也冲淡了表达力度。完全不如"同呼吸共命运"表意简洁明快。且"每当这个时候"更可以删繁就简为"每当这时"完全不影响表达。句 2 第一人称代词"我"的反复出现,让人觉得作者的表达语无伦次,气急败坏。第一个"我"完全可以忽略:"在这套方案中,我不止一次表达了大家的意见",很明显此处"大家"也包含作者"我",不用加以着重强调。我们对于人称代词的运用常常出现这种不必要的重复使

言行在于美,不在于多。

——梁元帝

用。句3"中心思想、主旨、观点、论点"纯属意义上的重复,他们是同一个概念,其意义类似于"女人、女的、女孩、女子"。句4"夫妻老婆"毫无意义的重复。句5"水运、海运、空运、陆运、铁路运输"出现了包含关系上的交叉现象,"水运"中含"海运","陆运"中又包括"铁路运输"。句6不仅仅"有"字重复,且表达啰唆口语化现象严重,影响了表达的水准和质量。可改为:"张某某,其妻王某某,二人育有一子一女。"句7完全是为了表达的喜剧效果而故意采用词语堆砌的表达方式,以便增强滑稽感,归根一句"我才华与美貌兼具"。这种重复表达仅限于艺术创作需要,一般论说文、实用文禁用。重复与非重复对比见表5-1。

表5-1 重复与非重复对比

原句子	修改后
每当这个时候,我就会和书中的人物同呼吸、同心跳、同命运。	每当这时,我就会和书中人物同呼吸共命运。
我在这套方案中,我不止一次表达了我和大家的意见。	在这套方案中,我不止一次表达了大家的意见。
文章的中心思想、主旨、观点、论点都要关注。	文章的中心思想也叫主旨或观点,要充分关注。
某某地区有一家夫妻老婆店……	某某地区有一家夫妻店……
在春节期间,要努力搞好水运、海运、空运、陆运、铁路运输……	在春节期间,要努力搞好水运、空运、陆运春运工作。
张某某,他的媳妇叫王某某,他有一个儿子、有一个闺女……	张某某,其妻王某某,二人育有一子一女……
我就是江湖上人见人爱、花见花开、车见车载,人称上天入地、无所不能、英俊潇洒、风流倜傥、玉树临风、学富五车、高大威猛、拥有千万'粉丝'、迷倒万千少女,号称一朵梨花压海棠的玉面小白龙,帅到掉渣!	我是美貌与才华兼具的玉面小白龙。

不重复是语言最基本的清洁度,通过反复诵读修改,本着对文字负责的态度即可解决。

——一切学问没有速成的,尤其是语言。
——傅雷,现代翻译家

二、删繁就简——语言的简明度

中国文学的源头是《诗经》,其表达模式基本都是"四言诗"。无论是宗庙祭祀的"颂",还是地方采集的"风",都语言凝练,字字精湛,且吟诵传唱富有节奏和韵律。例如:"所谓伊人,在水一方"将爱而不知、追而不及的感情表现得淋漓尽致。再如:"执子之手,与子偕老"将生死不渝、愿得一人心、白首不相离的爱情表达得振聋发聩。中国古典诗词是汉语的精华,凝结了最深情、最传神、最凝练的表达。积累背诵大量的诗词可以提升语言的凝练度。

这种以凝练的字句传神的表达在古典诗词中不胜枚举。如"风乍起,春皱一池春水"(南唐冯延巳《谒金门》)中的"皱",一个字一幅画,微风吹拂水面荡起层层微波,犹如轻皱的眉头。字之间水的形、神、韵得到淋漓刻画。"执手相看泪眼,竟无语凝噎。"(柳永雨霖铃·寒蝉凄切)"执手""无语""凝噎",三个词绘制了一幅送别画卷,写尽了千古离别,此时无声胜有声,化作哽咽噎满喉。"疏影横斜水清浅,暗香浮动月黄昏。"(林逋《山园小梅·其一》)这两句只见花影不见花枝,只闻花香不见花容的描写,也算是咏梅诗之典范了。

按照上述论证案例,或许有人会提出质疑,认为文言文和现代白话文之间本来就存在表达差异性,白话文相对冗长,而文言文相对简短,在句式结构上也和现代汉语句式结构完全不同。实则不然。据说胡适当年拒绝朋友邀请他去做行政院秘书时,曾以省钱为宗旨邀请众多同学帮自己撰写电文,结果用文言文回电中最短的也要12个字:"才学疏浅,恐难胜任,恕不从命。"胡适念完了,就幽默地用白话文说了三个字:"干不了。"可见文字表达的凝练性无今古之别,而在于驾驭之妙。繁简表达效果对比见表5-2。

表 5-2　繁简表达效果对比

原句	修改
如果有任何地方需要解释或需要进一步提供细节,我们将非常乐意提供这样的补充信息,可以电话申请获得这些信息。	如果你有任何问题,请致电。

言有浮于其意,而意有不尽于其言。
——苏轼,宋代文学家

续表

原句	修改
良好的学习环境对于辅助和加强正在进行的学习过程来说，是一种必要的前提条件。	学习需要良好的环境。
你技术再牛，也胜不过那些搞应用创新的。腾讯可以山寨无数多软件，但是它聪明的地方在于并不死板硬套，基于用户，变个身份，也能变出许多花样。诺基亚和苹果火拼手机市场也是例子。	应用创新胜过技术创新。
你在应用上创新了，一定要坚持，千万不可半途而废，前功尽弃。那样实在得不偿失，前面等于做了无用功。	应用创新持之以恒很重要。
我们在大学期间开设的高等数学、大学英语、微积分、线性代数、大学语文、基础写作、诗词鉴赏等课程，对我帮助很大。	大学期间开设的公共基础课对我帮助很大。

三、不失毫厘——语言的精准度

除了语言的清洁度和简明度之外，语言的精准度更值得我们探讨。无论是文学作品抑或是实用文体，都存在一字扭转乾坤或一字天崩地陷的可能。就语言的使用而言，我们要求语言要特别精确，差之毫厘便可能谬以千里。关于语言精准度的要求，林庚先生的《说木叶》一文是典范。作者就杜甫名作《登高》"风急天高猿啸哀，渚清沙白鸟飞回。无边落木萧萧下，不尽长江滚滚来。万里悲秋常作客，百年多病独登台。艰难苦恨繁霜鬓，潦倒新停浊酒杯"一诗中"落木"一词的精准使用做了深入的分析。为什么不是"落叶""木叶"而是"落木"，这是诗歌表达意象的需要，也是古人推陈出新富有想象力的表现。"落木"比落叶更具厚重感、力量感和文字质感，比"木叶"更具新鲜感。

在诸多经典读本中，用词精准的范例不胜枚举，下面略举一二：

1.《谏逐客书》开篇一句："臣闻吏议逐客，窃以为过矣。"其中"吏"和"窃"二字的使用极为精准，是全篇进谏成功的主要关节。明明是秦王下了逐客令。却把逐客的过错归之于"吏"，足见其措词之委婉，谏言之精妙。这一个字"既给秦王留足了颜面，又给纳谏留足了余地"。宋代李深说："起句至矣，尽矣，不可以回矣。""窃"表现出自身的谦卑和恭敬，不得不说李斯洞察人心，情商高绝。

2.《水浒》中《林教头风雪山神庙》中"那雪正下得紧"，"紧"字传神地刻画出当时的雪势。鲁迅对此处曾评说："比大雪纷飞多两个字，但那神韵却好得远了。"（《花边文学大雪纷飞》）。等到林冲买好酒出小店时"到晚越下得紧了"于是下文有了躲出借住躲过祸事的故事情节，这场紧要的雪在文中起着推动情节的作用。可谓不偏不废，一字牵动全篇。

3.宋之问《渡汉江》中"近乡情更怯，不敢问来人"。"怯"准确表达出诗人回归故乡的激动、羞怯、不知所措。用"急""羞""慌"都没有"怯"更形象，更有情绪层次感。

文字的表达效果没有对比便没有说服力，效果总结见表5-3。

表5-3 语言精准度对比

原句表达	替代表达
臣闻吏议逐客，窃以为过矣	臣闻王议逐客，以为过矣（不留言面、不留余地、毫无情商、成功与否在于赌秦王是否有一颗强大的心脏）
"那雪正下得紧"	那雪正下得大；那雪正下得急（"大"只能说明数量，"急"只能说明速度）
"近乡情更怯，不敢问来人"	近乡情更急；近乡情更乱（"急"只能表达单一的情绪；"乱"过于直白缺乏意象）

在实用文本中语言的准确性于大处关系着国计民生、决策成败，于小处关系着业务进展、方案执行，更不能马虎，即曹丕所谓"一字入公文，九牛拉不回"，在实用文体中语言的不精准性常常表现为以下两个方面：

（一）词语使用不够精准

这类表达错误出现频次较高的有以下5类，见表5-4。

表 5-4 语言使用不够准确的案例分析

序号	错误类型	案例分析
1	词义混淆	例 1:"近来职工在上班期间,很少有人干私活。" 析:"期间"是个大概念,用在这里不妥,应当用"时间"这个小概念。 例 2:爱因斯坦是位粗枝大叶的科学家。 析:"粗枝大叶"改为"不拘小节"更为准确,虽然两个词都有粗的意思,但前者为贬义词,后者为中性词适合描述爱因斯坦这样的科学家
2	词义误用	例 1:一份简报的标题是《××局解决"漏水"问题立见成效》。 析:"漏水"这个概念令人费解,读者不清楚是什么,水管漏水,还是指浪费、私拿公物。 例 2:一份简报标题为《农村卖粮高潮期电视机销路激增》。 析:误将"销量"用作"销路",混淆词义。 例 3:一位伟人健在时,其老家门上挂着一块木匾,写着"某某某同志故居"。 析:"故"字使用错误,因为"故"包含了"过去"和"去世"两种意思,而改成"旧"字,就比较合适
3	逻辑混乱	例 1:对迟到早退、屡教不改的员工,应追究其行政责任,并给予一定经济处罚,但对于少数态度较好的,可不必再承担经济责任。 析:语言前后矛盾,违背逻辑。 例 2:某某公司实行绩效管理第一年,员工工作积极性比任何一年都高。 析:"任何一年"既包含过去的年份,也包含现在和将来,实际文字意思表达的是过去,所以前后矛盾、逻辑混乱
4	语不对体	例 1. 比如一则反映重大交通事故的简报,在谈到事故发生当时情形时写道:"……卡车翻下公路边的河沟内,如坠万丈深渊……车内鬼哭狼嚎,滚作一团。" 析:公文要求叙述用语十分精确,与叙述对象的实际情况应保持严格一致。因此,文学艺术用语不可用。否则,即会影响事件描述的准确与严肃性。 例 2:比如一则新闻报道一位领导坚持深入群众、了解民生时写道:"他在每一户居民家中都留下了厚重的背影。" 析:"厚重的背影"这样的文学修饰不适合出现在新闻报道文体中,过度修饰反而影响了报道的真实性。 例 3:一则批评通报中写道:"某某之行为天地不容,人神共愤。" 析:这种表达大有滑稽之感,问题同例 2

第五章　色——像微雕大师一样雕琢你的语言

续表

序号	错误类型	案例分析
5	表述不清	例1：对于管理人才的需求每年都在增长。 析：这属于一本"糊涂账"的表述方式，增长"多少"读者并不能获得有效信息。应改为：我公司对于管理人才的需求每年以20%的速度在增长。 例2：您的账款已经过期了。 析：表达不清，不当。改为"您的账款已经过期45天"，收单人会更有紧迫感

（二）语言简化过度缺乏指向

虽然我们提倡语言要简明扼要，但也要注意分寸，不可简化过度影响了表达的准确意思。这种表达错误常常在提炼文章标题、段首句时较为常见，如表5-5中的情况。

表5-5　语言精准度对比

原句	修改后
加强地区作用	赋予各地区编制计划的权利
减少应收账款	建立追讨逾期账款的机制
评估管理过程	确定管理过程是否需要修正
改善财务报表	建立能够预报变化的系统
处理战略问题	制定明确的长期战略
重新配置人力资源	将人员配置在与其能力匹配的位置上

从上述表格表达效果对比中不难看出左列虽然言简意赅但表意不清，这样的文字缺乏指向性，不容易让读者产生行动力。而右列的表述看似比左列的句子要长，但其意思表达明确，容易被执行和落实。因此语言表达不仅仅是"简"的问题，更为重要的是要遵循"准"的原则，二者兼顾方可圆满。

▶▶▶ 本节小结 ◀◀◀

文字表达想要规避常犯的错误，做到以下三点即可成效显著：

1. 反复诵读、多次修改，对文字负责。
2. 多读诗词歌赋、经典著作，提升语感。
3. 准确把握语言的准确度，遣词造句慎重推敲。

第三节
一言之辩重于九鼎之宝——语言的说服力

在一条繁华的巴黎大街的路旁,坐着一个衣衫褴褛、头发斑白、双目失明的老人。他不像其他乞丐那样伸手向过路行人乞讨,而是在身旁立一块木牌,上面写着:"我什么也看不见!"

街上过往的行人很多,那些衣着华丽的绅士、贵妇人,那些打扮漂亮的少男少女们,看了木牌上的字都无动于衷,有的还淡淡一笑,便姗姗而去。

这天中午,法国著名诗人让·彼浩勒也经过这里。他看看木牌上的字,问老人:"老人家,今天上午有人给你钱吗?"

"唉!"老人满面愁容,叹息着回答,"我,我什么也没有得到。"

让·彼浩勒听了,沉吟了一下,把木牌悄悄翻过来,拿起笔写上"春天到了,可是我什么也看不见"几个字,就匆匆地离去了。

晚上,让·彼浩勒又经过这里,询问老人下午的收入情况,老人笑着对诗人说:"先生,不知为什么,下午给我钱的人多极了!"让·彼浩勒听了,也摸着胡子满意地笑了。

"春天到了,可是我什么也看不见"这富有诗意的语言,产生了这么大的作用,就在于它有非常浓厚的感情色彩。

摘自:成杰《一语定乾坤》民主建设出版社

语言必须蕴含智慧的思考方能产生巨大的力量。纵观浩瀚文海,语言文字的力量始终伴随着人类文明与智慧的进程。在历史长河中无论智者还是凡俗之人，都会运用这种力量，抑或立一家之言，挡百万雄师，改历史进程；抑或更一己命运，脱一时困境，救人于危难。语言的力量就像大海的浪涛，或和煦平静，或瑰丽迷人，或惊心动魄。我们不妨在文字的浩瀚星空中摘选一二，进行学习揣摩，增进我们的语言修为。

一、以理服人——清晰有力的论证逻辑

"一言之辩重于九鼎之宝，三寸之舌强于百万雄师"，语出汉·司马迁《史记·平原君列传》，即与著名成语典故"毛遂自荐"同篇。我们先了解一下文章背景：时秦兵围困邯郸，赵国派遣平原君请求救兵，到楚国签订"合纵"盟约。平原君欲在其门客中挑"勇且有谋者"二十人一同前往。无奈选定十九人，缺一人不得。此时门下有一叫毛遂的食客自荐前往。一行人出使楚国，毛遂以其超人的胆略和雄辩的口才促成"楚赵歃血之盟"，合纵成功使平原君不辱使命。文末以平原君赵胜此语作结："毛先生一至楚而使赵重于九鼎大吕。毛先生以三寸之舌，强于百万之师。胜不敢复相士。遂以为上客。"

平原君至楚说服楚王合从，"言其利害，日出而言之，日中不决"，毛遂这个名不见经传的小人物是如何三言两语促成盟约的呢？请诸位一同移步现场：

毛遂按剑而前曰："王之所以叱遂者，以楚国之众也。今十步之内，王不得恃楚国之众也，王之命县于遂手。吾君在前，叱者何也？且遂闻汤以七十里之地王天下，文王以百里之壤而臣诸侯，岂其士卒众多哉，诚能据其势而奋其威。今楚地方五千里，持戟百万，此霸王之资也。以楚之强，天下弗能当。白起，小竖子耳，率数万之众，兴师以与楚战，一战而举鄢郢，再战而烧夷陵，三战而辱王之先人。此百世之怨而赵之所羞，而王弗知恶焉。合从者为楚，非为赵也。吾君在前，叱者何也？"楚王曰："唯唯，诚若先生之言，谨奉社稷而以从。"毛遂曰："从定乎？"楚王曰："定矣。"毛遂谓楚王之左右曰："取鸡狗马之血来。"

这段雄辩之文从逻辑顺序上可分为三层剖析，以下称"毛遂三斧"：

口者，心之门户，智谋皆从之出。
——《鬼谷子》

在要说一些事之前，有三件事要考虑：方法、地点、时间。
——萨迪，波斯诗人

（一）洞察情势灭其威风——此为第一斧破冰

毛遂佩剑冲入殿上，楚王立威呵斥，毛遂不但毫不胆怯反而一句话扎烂楚王这只纸老虎——您不就仗着在您的地盘上人多势众吗？我现在就距离您十步之遥，要您性命分分钟的事情。就地取材说明人多势众不是战争取胜的决定性资本。最有趣的还有这句"吾君在前，叱者何也"，在扎破纸老虎之后还不忘再撕一把，来句礼仪教育——您不仅盲目自大还缺乏礼仪修养，在我老板的面前斥责我。这一别开生面的破冰开场，瞬间震慑住楚王，紧张之余感觉对来人不可小觑，为后面精彩的论辩瞬间打开局面。

毛遂的第一斧对我们的启示是：在任何一场语言战争中一定要找准对方的"要害点"，一刀插入才能左右话语权，否则不是废话连篇，便是徒费唇舌。

（二）旁征博引晓之以理——此为第二斧立论

接下来势如破竹般列举"商汤王天下""文王臣诸侯"皆非人多地广之由，而在于能够看清形势相时而动罢了。这是一段精彩的说理，意在让楚王看清形势、明智选择，不可盲目自大。从论证技巧上来讲属于理论论据，采用以理服人手法。有点类似于说服人持之以恒时举例"愚公移山""精卫填海"，说明以少胜多时列举"破釜沉舟""赤壁之战"。

毛遂的第二斧对我们的启示是：说服论辩需要一定的知识储备，通晓古今中外的知识可以让你有雄厚的理论支点，不至使观点势单力薄缺乏说服力。

（三）以己之矛攻己之盾——此为第三斧证论

如果说引经据典旁征博引在说服论辩中有点"站着说话不腰疼"的隔靴搔痒之感，那么以己之矛攻己之盾就显得力道刚猛。毛遂深得此要领，采用先立后破，矛盾相攻的正反论证方法说服楚王当场结盟。

"今楚地方五千里，持戟百万，此霸王之资也。以楚之强，天下弗能当。"先说楚国地广兵多，本可天下无敌称王称霸，然接着话锋一转历数秦楚三场耻辱之战：一战失鄢都，二战烧夷陵，三战辱先人。楚国与秦国的三场战役三战三败，且都是百世耻辱、颜面无存，继而顺势得出"合从者为楚，非为赵也"的结论。这便是毛遂论证逻辑最高级的地方——以理服之，以利诱之，赵楚合纵真正最大的获益者是楚国而非赵国。此结论一出，楚王点头如捣蒜"唯唯，诚若先生之言，谨奉社稷而以从。"

毛遂的第三斧对我们的启示是：说服论证最核心的抓手在于能够站在对方的立场、观点、利害角度组织语言构建论辩逻辑，而非一味站在自我立场患得患失。

二、精巧设计——设计铺排的论证力量

如果从结论先行的结构分析来看，李斯的《谏逐客书》绝对称得上结构化公文典范之作。开篇即结论——臣闻吏议逐客，窃以为过矣。典型的公文表述特征，可见古人早在3 000年前便悟出工作型表达最好废话少说，开门见山，不要浪费上司的时间才是王道。然此处想就该文的另外一个值得取经的语言优势谈起，作为我们表达辞色的借鉴——以利动人、利理并重的论证铺排设计。

在赏析学习之前同样需要先恶补一下文章背景。《谏逐客书》是李斯给秦王的一个奏章，这件事发生在秦王嬴政十年，秦国宗室贵族借韩国派水工修灌溉渠，阴谋消耗秦的国力，谏秦皇下令驱逐一切客卿。秦王读了李斯这一奏章，取消了逐客令，可见其文章说服力之强。

不得不说李斯是一个"很会来事儿"的政治家，连公文都写得循循善诱，老谋深算，有种请君入瓮的酸爽感。

在此不得不引用部分原文，令诸位有一种身临其境的现场感。原文如下，感受一下气场如何？

昔穆公求士，西取由余于戎，东得百里奚于宛，迎蹇叔于宋，来邳豹、公孙支于晋。此五子者，不产于秦，而穆公用之，并国二十，遂霸西戎。

孝公用商鞅之法，移风易俗，民以殷盛，国以富强，百姓乐用，诸侯亲服，获楚、魏之师，举地千里，至今治强。

惠王用张仪之计，拔三川之地，西并巴、蜀，北收上郡，南取汉中，包九夷，制鄢、郢，东据成皋之险，割膏腴之壤，遂散

> 有意而言，意尽而言止者，天下之至言也。
> ——苏轼，宋代词人

六国之众，使之西面事秦，功施到今。

昭王得范雎，废穰侯，逐华阳，强公室，杜私门，蚕食诸侯，使秦成帝业。此四君者，皆以客之功。由此观之，客何负于秦哉！向使四君却客而不内，疏士而不用，是使国无富利之实，而秦无强大之名也。

一口气陈列四王八贤，这气场足有振聋发聩之势。铺排在辞赋中多为增强文章气势，展览作者才华，而在论说文中则是论证充分、说理透彻的神来之笔。这段文字有以下三处可取之妙：

（一）无可辩驳之妙

文章开篇铺排论证所列举四人秦穆公、秦孝公、秦惠王、秦昭王均为秦王先祖，其身份、情感、行事、功绩均不容被说服者辩驳。若此处选用楚国、赵国或其他任何一国君主善用人才的案例必将会引起秦王的不悦，在情感认同上会有一种长他人志气灭自己威风的情绪。而运用秦王的先祖现身说法在感情与身份上更容易认同。这就像我们教育孩子如果总拿他们与别人家孩子比较，久而久之孩子会有逆反心理。但若能够现身说法"爸爸小时候是这么做的……；妈妈小时候是怎么选择的……"，孩子在心理上会更趋于认同。

文章第二段论证"秦王重物轻人"更是将"无可辩驳"的妙处发挥到极致。李斯历数秦王喜好的珍宝（致昆山之玉，有随、和之宝，垂明月之珠，服太阿之剑，乘纤离之马，建翠凤之旗，树灵鼍之鼓）、美女（郑卫之女）、珠玉（宛珠之簪、傅玑之珥）、华服（阿缟之衣）、良驹（骏良駃騠不实外厩）、声乐（《郑》《卫》《桑间》，《韶》《虞》《武》《象》者，异国之乐也）均不产于秦，皆取而用之不问出处，最后诘问"今取人则不然。不问可否，不论曲直，非秦者去，为客者逐。然则是所重者在乎色乐珠玉，而所轻者在乎人民也"。秦王此时若否定则表明接受李斯谏书，承认逐客错误；若承认"重物轻人"的结论，则与心中的霸业相去甚远，此时只能默默盘算，闭口不答。

启示：在选择论证语言时一定要揣摩对方的心思，不仅要巧妙地设计说服立场，包括对方的情感体验与理性认同，还要一语中的让对方毫无反驳余地。

> 说话周到比雄辩好，措词适当比恭维好。
> ——培根，英国散文家、哲学家

（二）有的放矢之妙

这篇谏书之所以有排山倒海、不容辩驳之势，还在于作者在组织论证构思时对案例进行了以上统下、归类分组的逻辑整合。首先这是一篇"陈言论事"的公文，李斯上书是给秦王政，如果不熟悉这个人，不揣摩这个人的愿望、想法，不去迎合他的心理需求，那就很容易碰壁。而文章说理的成功之处就在于李斯准确把握了秦王欲成"秦之霸业"的野心，以此为目标确定论说主题，即所谓"明确目标定主题"。然后有针对性地在秦国客卿史中选择同类人物、同类功勋进行归类整合，使得说理火力集中力道劲猛。文中提到的由余、百里奚等八位来自不同国度的客卿，都在全力以赴做着同一贡献——"强秦"，因此第一段论证归结点落在"向使四君却客而不内，疏士而不用，是使国无富利之实，而秦无强大之名也"。而第二段在历数秦王所喜之物皆非产于秦，反诘秦王"重物轻人"之后同样以"此非所以跨海内、制诸侯之术也"作为归结回归主题，充分体现了有的放矢、弹无虚发的论证魅力。

启示：在论证中观点就像是语言的灵魂，统率全局。只有知己知彼、目标明确、箭无虚发的语言才能刺中痛点、说服他人，避免自相矛盾使论证成为无稽之谈，也防止隔靴搔痒使论证显得虚弱无力。语言的力道也需要目标明确，劲往一处使。

（三）逻辑递进之妙

不得不说李斯在选择论证语言时头脑相当清晰，有条不紊，循序渐进，且滴水不漏。在第一段中第一条语言表达线索是时间逻辑轴——由秦穆公到秦昭王按照历史时间进程循序而来，毫不纷纭杂沓。第二条语言表达线索则以秦国由弱到强的发展变化为逻辑轴——由"遂霸西戎"到"秦成帝业"，按照逻辑递进的表述方式，让说理层次清晰，条理分明，且在力度上有一种一浪高过一浪的接力感。第二段中说明重物轻人、驱逐外来人才的错误，推论符合逻辑递进、立意超卓不凡，具有一种高屋建瓴的气势和撼动人心的力量，这段设喻丰富多样，写法灵活多变，运笔酣畅淋漓，为全文最精彩部分，前人对此极为称誉。宋代李涂说："中间论物不出于秦而秦用之，独人才不出于秦而秦不用，反复

语言是赐于人类表达思想的工具。
——莫里哀，法国喜剧作家

议论，痛快，深得作文之法。"此段蕴含的语言逻辑其一为由大到小，由实到虚——从昆山之玉、随和之宝，间以美女良驹、珠玉华服享受之物，最后到郑卫等异国之乐、愉情之声；其二为由物质享受到精神享受的语言逻辑。

启示：唯有遵循一定的逻辑结构构建的语言才有层次感和力量感。这种逻辑可以是时间、空间、先后、内外、虚实、主次、因果，等等，语言的表达是一种智慧的凝结，而非文字的堆砌。

三、纵横捭阖——逻辑严密的语言结构

（一）归纳演绎的语言逻辑

1. 先破后立——通篇逻辑结构。

如果用结构化论证方法中归纳演绎的逻辑框架对上文毛遂的语言逻辑进行呈现应如图 5-1 所示。

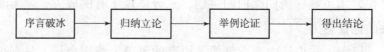

图 5-1　论证逻辑

上文引述的《毛遂自荐》文字中，毛遂的论证无论是由"商汤王天下""文王臣诸侯"归纳出"诚能据其势而奋其威"的结论，还是由秦楚三战三败归纳出"合从者为楚，非为赵也"，都显得天衣无缝、顺理成章、无可辩驳。严密的论证结构，其语言往往组织得滴水不漏，且层次清晰。

2. SCQA——现场故事结构。

毛遂不仅逻辑清晰，且是现场讲故事的高手，能够现身说法就地取材切入论题。破冰部分符合结构化语言"SCQA"序言讲故事的结构特征，很是吊足了胃口，如图 5-2 所示。

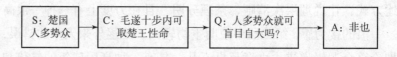

图 5-2　SCQA 序言结构

3. 金字塔式的论证逻辑。

从论证整体来看，毛遂虽不懂结构化论证的工具，但依然

> 语言既可以掩饰思想，也可以暴露思想。
> ——加图，罗马共和国政治家、散文作家

运用得炉火纯青,唯一不同的是中式语言结构更喜欢画龙点睛,文末点题。如图5-3所示。

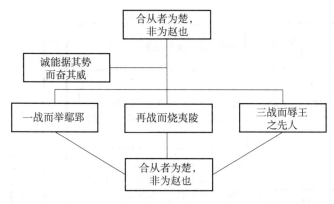

图 5-3　SCQA 论证金字塔结构

任何的说理论辩都不应是信口开河的语言堆砌,有力量的语言都有着严密的思维结构和逻辑次序,而这种能力是可以训练习得的。

(二) 逻辑递进的语言力度

《谏逐客书》全文多处应用归类分组、逻辑递进的逻辑工具,诸如第一段论证历代秦国君主重用客卿建功立业,第二段由物及人从反面引导秦王重用客卿的论证,最后一段的对比论证,都应用了语言的逻辑递进力度,使文章显得气势磅礴,论辩恢弘。可以说李斯对归纳演绎与逻辑递进并重的语言结构化的驾驭能力不亚于芭芭拉·明托。

1. 以第一段引文中列举的秦国诸王的用人表现为例来看归纳演绎与逻辑递进的语言结构,如图5-4所示。

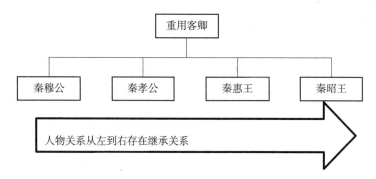

图 5-4　论证逻辑递进

> 语言就其本质而言,是一种公众事物。
> ——休谟,英国哲学家

2. 从客卿成就秦国帝业的功绩来分析归纳论证与逻辑递进时语言逻辑关系的严密性，如图5-5所示。

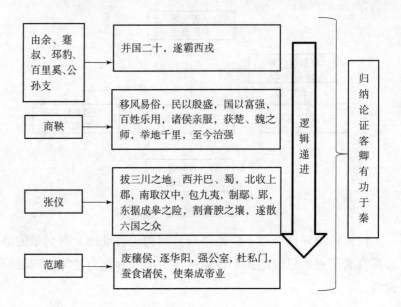

图 5-5　归纳论证逻辑

3. 客卿国籍的逻辑关系，也值得一提，如图5-6所示。

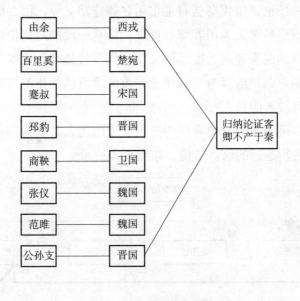

图 5-6　归纳论证逻辑图

本节小结

本章节我们需要掌握的语言能力有以下三点：

1. 理利并容的论证立场和观点。

语言的说服力量取决于你所站的立场和彼此的利害关系，因此在论证时必须换位思考寻求理论观点和论证逻辑。

2. 旁征博引的论证铺垫和设计。

排山倒海的雄辩之词也得力于旁征博引的铺垫与设计。而旁征博引的铺垫设计离不开雄厚的知识储备和由弱至强的层次设计。

3. 结构严密的论证逻辑与构思。

逻辑清晰的语言往往需要表达前的逻辑整合，人们更容易被有层次的逻辑说服。可以是时间逻辑、空间逻辑、主次逻辑或者是重要性逻辑，等等。

第四节　轮到你了

1. 在我们的考场规则中有这样一句话，怎么说学生都理解有误。当规则表明："凡与考试相关的物品均不得携带"时，有学生故意不带证件、考试用具。当考场规则表明："凡与考试无关的物品均不得携带"时，有人理直气壮地带参考资料和小抄。请你根据语言表达的准确性，修改这句话，使之表达精准不产生歧义。

2. 请找出《谏逐客书》原文，阅读第二大段"重物轻人"部分文字，用金字塔结构绘制出李斯的论证语言逻辑结构图。

3. 请邀请你的小伙伴一起畅游中国古典诗词、小说及文献的海洋，每人收集 15 条能够体现语言表达的清洁性、准确性、简明性的文字（各 5 条），相互点评探讨。

4.一位21岁的小伙子得了肝癌,多次住院医治后家人花光了所有积蓄,近期小伙子病情再次恶化住院,医院建议尽快移植肝脏,否则病情将迅速更加恶化。请你和小伙伴根据本章节学习的论证设计技巧与语言逻辑结构,以"募捐现款治病救人"为目的,设计编写募捐演说词为重病小伙募捐。

第六章

你想要的都在这里——写作的奇妙世界

　　写作的人像画家不应该停止画笔一样，也是不应该停止笔头的。随便他写什么，必须每天写，要紧的是叫手学会完全服从思想。

——果戈里，俄国作家

第六章　你想要的都在这里——写作的奇妙世界

第一节
三分钟让全世界记住你的美

第一印象对别人如何看待你有很大的影响，所以如何向别人介绍自己是非常重要的。自我介绍可以写外貌、性格、爱好、优点、缺点，等等，要独出心裁和与众不同，用有趣的背景让普通的姓名变得魅力十足，用具体的事例来论证你性格的闪光点。自我介绍也不是一味地堆砌信息，随意发挥。可以使用以上统下、逻辑递进等方法，来结构化自我介绍。让大家记住你其实也没有那么难！

言辞平平：

大家好！

我叫林远。我是一个艺术家，我平时的工作就是画油画，除了绘画，我还会做一些手工陶艺。工作之余，我有许多爱好。我酷爱旅行，去过欧洲、东南亚的14个国家。在那里我看到过许多美轮美奂的景色。有些时候我会去秦岭进行徒步运动，偶尔我也参加一些马拉松比赛。这就是我，我是林远，很高兴认识大家！

<small>平铺直叙地介绍了自己的职业和爱好，辨识度不高，无法给人留下深刻的印象。</small>

点石成金：

大家好！

我叫林远。有人说："你永远无法真正了解一个人，除非你穿着他们的鞋子走一公里①。"说这话的人一定遇到过许多像我这样的人。一个人的鞋子可以显示他所做的一切，从而让别人对他有更深刻的了解。我认为我的鞋子揭示了很多关于我的东西——

<small>先由鞋子引出自己的职业，有特点。同时提示听众接下来会说到的内容。</small>

---
① 1公里=1 000米。

开头提出中心思想——"鞋子"代表一个人的特点。起到总体概括作用。

紧扣"鞋子"这一主题。用具体事件说明自己的经历。最后再次用中心主题结尾。加深听众印象。

不仅是我的日常活动和爱好,还有我的经历。

如果你仔细观察我的鞋子,你会发现许多与我有关的东西。我是一个艺术家,你可以看到我昨天在作油画时从刷子上掉下来的一小块油漆。你也可能会注意到大量的黏土,这是我在做陶艺时留下的。我的鞋子可以告诉你我的职业,它们也能告诉你我是谁、我做过什么、去过哪里。我一直是一个探险家、旅行者。我父亲常开玩笑说我是在流星雨中出生的。我的鞋子陪伴着我走过很多地方。它走过北欧的雪地,穿越爱尔兰的悬崖,去过东南亚的海边,穿越了14个国家。在秦岭的徒步旅行里它出现过很多次。它也见证了我的城市马拉松赛跑。所以你可以看到我的鞋子已经有点磨损了。它见证了我每天的日常活动和冒险,参与了我的生活。

很高兴认识大家!

上文中的主人公通过鞋子的特点,说明了自己的职业、爱好和一些生活经历,简洁明了,有个人特色,让听众记忆深刻。相信读过这篇自我介绍的你,也一定会记住他吧!

练习:

请你为参加学生会会长竞聘,写一个三分钟左右的自我介绍。

第二节
耍得了嘴皮子还要玩得了笔杆子

导游词是导游人员引导游客观光游览时的讲解词,是导游员同游客交流思想,向游客传播文化知识的工具。一篇完整的导游词,其结构一般包括习惯用语、概括介绍、重点讲解三个部分。要写好导游词,最重要的是掌握丰富的资料,包括现实的和历史的。只有在拥有大量资料的基础上,导游员才能整理加工、去粗存精,进行再创造,编写成具有时代特色、个人特色的导游词。除此以外,还需注意口语化和礼节性。

例文:

尊敬的女士们、先生们:

今天,我们将参观秦兵马俑博物馆。秦兵马俑博物馆位于西安市东35公里处,从西安市中心坐车到那里大约需要50分钟时间。自秦兵马俑博物馆于1979年10月1日开馆至今,已有为数众多国家的党政首脑都参观过这个博物馆,更有数以百万计的中外游客不远千里来参观这个人类奇迹。法国总统希拉克曾留言说过:"世界上原有七大奇迹,秦兵马俑的发现,可以说是第八大奇迹了。不看金字塔,不算真正到过埃及;不看秦俑,不算真正到过中国。"美国前副总统蒙代尔也说:"这是真正的奇迹。全世界人民都应该到这里看一看。"从这些高度凝练的话语中,我们不难看出秦俑的历史价值及艺术价值。下面,我想把秦始皇这位成就一代伟业的历史巨人介绍给诸位,以便使大家能对秦始皇兵马俑和与之相关的历史有一个较详尽的了解。

……

现在,我们面对的是秦俑馆一号坑,坑里就是号称"世界第八大奇迹"的秦兵马俑。面对威武整肃的庞大军阵,你们的脑子里一定会闪现如下问题:这些秦俑是怎么发现的?为什么他们的

> 背景介绍。游客首先对兵马俑有一个大致的了解。作者先抛出各路名人对兵马俑的评论和赞叹,激发游客的期待。

> 总领结构。引起游客的疑问,接下来的讲解便是这些问题的说明。

相貌各异？为什么要制作这些俑？1、2、3号坑里共有多少俑，等等。好，现在我就——回答大家的这些问题。

这些俑是1974年3月西杨村农民们在打井的过程中发现的。据村里的老人讲，早在明朝，就有人在这里发现了秦俑。有一天，住在村里的难民在村外空地上打了一口井，井水清澈，甚是喜人，可是第二天他们却发现井底的水不见了。他们中胆大的腰系绳子，下去查看。不一会儿，井里传来惊叫声，上面的人赶紧把井里的人拉上来。这人说，他看见一个站立着的、身穿盔甲的怪物，伸手要抓他。听者都非常害怕，想赶快用土回填那口井。但他们最终决定报告文物部门。经过考古专家们的勘探、鉴定，秦俑馆内的1、2、3号坑被确认为秦始皇陵的陪葬坑。从1974年到1979年，经过5年的艰苦努力，在1号坑遗址上矗立起一座气势宏伟、结构科学的建筑物。1979年10月对国内外游客开放的是兵马俑1号坑。3号坑在1989年9月27日——世界旅游日对外开放。现在，在2号坑的遗址上，一座大理石建筑又落成了，它于1994年11月开始接待游客。从此，3个俑坑全都被保护在建筑物里，不再经受风吹日晒雨淋。在供游人观看、怀古的同时，考古工作者们还在这里继续发掘整理兵马俑。

（来源于"出国留学网"，网址：https://www.liuxue86.com/a/2537177.html）

> 在参观过程中，将对兵马俑的客观描述与其发掘时的背景故事相结合，进行了兼具知识性、趣味性的口语化表达，语言生动，引人入胜。

这篇导游词有着非常明显的结构，体现了以上统下的表达方式以及在详细叙述论点过程中的空间顺序这一逻辑递进方式，如图6-1所示。

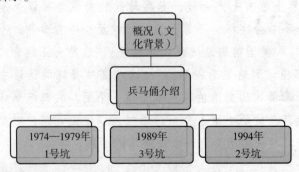

图6-1 "兵马俑"导游词结构图

练习：

请为你家乡的一个景点写一篇导游词。

第三节
御前秘书，先从汇报工作开始

好的工作汇报不仅有助于跟上级的沟通，争取更多的工作支持，还能让上级知道自己对工作所做的努力，辅助职位晋升。对于所汇报事件要简要说明、重点突出，行文需要逻辑清晰的语言表达，客观准确的数据支持（最好有表格、图形），匹配汇报对象的得体措辞（例如"我觉得现在实施的×××不好"，改为"我觉得因为×××将原计划的×××改为××更能×××"效果会更好）。

如若是对非本专业的领导切记尽量少使用专业术语，尽量通俗易懂。职场汇报中，一般只需提出解决方案和建议，选择权和决策权交给汇报对象。汇报材料需反复检查，不要出现错别字、明显标点错误、不分段、语句重复啰唆等问题。

开头需概括说明全文主旨，把工作的总情况，如依据、目的，对工作整体的估计、评价等做一概述。汇报的主体是要将工作的主要情况、主要做法、取得的经验、效果等分段加以表述，要以数据和材料说话，内容力求既翔实又概括。最后还要写工作上存在的问题或遇到的困难，并提出下步工作具体意见。可以"请审阅"或"特此报告"等语作结。

言辞平平：

人力资源部每月活动报告

尊敬的各位领导：

你们好！人力资源部门本月制定了公司的人才管理流程，制定了本年度的营业额预测，部署了MyLearning学习管理系统，与此同时，我们督促并安排所有员工完成了学习《时间管理》和《结构化写作》这两门网络课程，日后我们将继续跟进员工每月学习两门课程的计划。遗憾的是，由于需要前期做大量的系统测

> 交代了工作的内容和遇到的问题，但是没有结构，容易显得思维混乱，专业性不强。

试，原定于本月运行的 MyLearning 学习管理系统推迟到下月底上线。我们也会持续跟进系统的运行情况。最后，针对 3 月举行的一年一度的高层会议，我们将做好所有的前期准备，以备会议顺利开展。

特此报告，请领导审阅！

点石成金：

人力资源部每月活动报告（2018 年 1 月 1 日—31 日）

敬的各位领导：

你们好！人力资源部门就 1 月的工作情况作例行汇报。详情如下：

一、已完成工作情况 ←———— 将已完成的工作分条目呈现，清晰描述。

1. 制定劳动力规划：人才管理流程；
2. 制定本公司本年度的营业额预测；
3. 部署了 MyLearning 学习管理系统；
4. 所有员工学习两门网络课程：《时间管理》和《结构化写作》；
5. 增加三项大学生寒假实习计划已经完成并实施。

上面列出的所有项目均包含在先前制定的董事会手册中，并按时按质完成目标（第 3 条除外）。

二、所遇到的问题 ←———— 汇报从已完成工作、所遇到的问题和下月计划三个方面展开，条理清晰，有数据和材料支撑，内容简洁翔实。

由于系统需要反复进行大范围测试，原计划将于 2018 年 1 月 10 日完成的 MyLearning 学习管理系统推迟到 2018 年 2 月底。

三、下月工作计划

1. 为 2018 年 3 月举行的高层会议进行前期准备；
2. 跟进 MyLearning 学习系统测试情况；
3. 督促员工完成职业生涯规划、PPT 制作教程两门网络课程的学习。

特此报告，请领导审阅！

练习：

作为校学生会主席，你需要将本学期学生会的工作情况向校领导进行说明，请拟写一份工作汇报。

第四节
成为校园的敏感捕手

通讯是一种深入、详细地报道新闻事件的写作体裁，讲究的是如实地描述生活中的事件。写通讯稿的目的就是向媒体提供具有新闻价值的信息，并让媒体报道该信息。稿件必须有很强的时效性，并且标题醒目、信息准确、内容生动、语言精练。通讯稿常常用标题作为事件结论，人们想知道源头时自然会往下看，符合结构化写作原则里的"自上而下"表达法。

点石成金：

京东大学生商业挑战赛西北区在西安欧亚学院正式启动

← 标题作为报道中叙述事件结论的凝练。

少年强则国家强，京东作为世界500强企业、互联网时代知名企业，助力大学生人才培养是京东一直肩负的社会责任。为响应党中央"大众创业，万众创新"的号召，"因为我敢"首届京东大学生商业挑战赛应运而生。西北赛区于4月25日在西安欧亚学院隆重拉开序幕，现场举行启动仪式、召开赛事宣讲会。

← 首段是标题的进一步说明。交代事件发生的缘由、时间、地点、具体内容。

京东集团校园业务部高级经理琚志杨先生、京东物流西北区校企合作经理白光泽先生、京东校园西北区负责人郑炎先生、综合组负责人张颖女士、渠道组负责人刘梦瑶先生、俱乐部负责人董梦婷女士、陕西快赞科技有限公司供应链负责人李良先生以及西安欧亚学院校团委副书记余飞虎老师等多位嘉宾莅临活动现场，与高校近200名在校大学生进行了沟通分享。

本次大赛主办方京东集团校园业务部高级经理琚志杨先生致辞，此次大学生商业挑战赛京东发挥大平台优势，联合了国内外多家知名企业和一线营销专家，共同为赛事提供专业有效的技术与资源支持，把控比赛质量，构成了"名企认证""专家指导""实战奖励"三大模块，全方位地鼓励学生勇于实践。

← 内容真实客观，按照上台讲话的时间顺序描写，呈现出逻辑递进的写作风格。

京东集团校园业务部高级经理琚志杨先生、京东物流西北区校企合作经理白光泽先生、陕西快赞科技有限公司供应链负责人李良先生上台共同参与首届京东大学生商业挑战赛西北区启动仪式。

  京东校园西北区负责人郑炎先生对本次大赛做出讲解。本次活动将会以线上线下相结合的形式最大范围覆盖高校学生群体，同时以宣讲会、沙龙、地推的各类形式进入西安17所高校，面对面讲解大赛内容，引导报名参与。大赛不仅有丰厚的奖金及荣誉，还有机会。

  "因为我敢"，这一"敢"字，体现的是当代大学生蓬勃的力量与强烈的文化号召力。敢为人先，敢为未来。那么大家到底敢不敢呢？谁能成为本次商业挑战赛的营销大神呢？让我们拭目以待。

（转自"和谐陕西网"，2018年4月26日）

练习：

  中国男子足球国家队时隔四十年再次闯进世界杯决赛圈，请就此事件为《环球时报》写一篇通讯稿。

第五节
一封邮件，高低立判

不论是大学生，还是公司职员，在日常的学习和工作中，电子邮件与我们有着非常紧密的联系。邮件不需要长篇大论，需要：

1. 使用得体的称呼和落款。
2. 直截了当、明确而简洁的主题行。
3. 开门见山地用最精简的语言把事情说清楚。
4. 展现必要的礼貌。
5. 写好邮件的必杀技是"结论先行"。

你知道怎么写了吗？

一位申请读研同学的 E-MAIL 表达：

言辞平平：

主题：李老师抱歉

李老师您好：

我开学前的周一给您发了中文邮件，然后您没有理我，我又把同样的内容发了英文版的给您，等了两个星期还是没有收到回复，我以为您已经找到了其他学生，所以眼看着现在已经开学一周了，我同学都在联系导师，我怕落空所以几天前联系了另外一位导师，也跟他说好了，希望您能理解。

×××

主题行信息不明确，容易被收件人忽视。

称呼、落款处格式不正确，正文部分表述不清晰，没有结构，导师收到这封邮件后很难明白这位同学要表达的意思。

点石成金：

主题：关于更换读研申请的原因说明 ×× 系 ×× 班 ×××

尊敬的李老师：

您好。非常感谢您和您的团队考虑我的读研申请。十分抱歉，我已联系好了另外一位导师。

主题明确表述了邮件内容，简洁明了，能把收件人带入邮件正文中。

称呼得当，正文部分用到了"结论先行"。语言简练，有祝福语，落款处信息完整。

两周前给您发了个人简历，一直没有收到您的回复。不知道您是否收到，或是不太满意我的学校背景。同学们都在联系导师，我怕申请落空，便换了另一位导师。

我对您的研究方向非常有兴趣，希望以后还有其他机会在您的团队学习。再次抱歉。

祝您工作顺利！

×××

××系××班××

练习：

大学生艺术节的第二次筹备工作会从周一上午9点改到周四下午3点，作为会务秘书，请拟写一封邮件将此消息告知所有参会人员。

第六节
这些产品，都是这样推销出去的

好的广告文案，都有共通的特点，比如简短精练又印象深刻、通俗易懂又意蕴丰富、朗朗上口又与众不同等。你要卖给谁？你卖的是什么？搞清楚所推销产品的性质、定位、受众，在充分调研的基础上开始你的广告文案创作。

点石成金：

江小白白酒广告文案

核心广告语——"我是江小白，生活很简单"。
毕业时约好一年一见，再聚首却已近而立之年。
攒了一肚子没心没肺的话，就想找兄弟掏心掏肺。
友情也像杯子一样，要经常碰一碰才不会孤单。
卸下层层面具，在你们面前我才是我自己。
他们只在朋友圈神出鬼没，却在现实的圈子无影无踪。
最后我们都变成了那个，曾经以为俗不可耐平庸无趣的人。
每天相处最久的同事，我们之间却没好好聚一聚。
现实的我们，在某一刻能如此真实地存在，真好。
所谓成熟就是明明该哭该闹，却不言不语地微笑。
兄弟间的聚会，无关应酬和勾兑。
用45度的单纯，去忘却世界的复杂。
老说"有空了一起聚聚"，其实不过是个拖延的借口。
（来源于江小白2017年"表达瓶"）

江小白深刻洞察了中国酒业传统保守的不足，用清晰、精准的定位引领和践行中国酒业的年轻化、时尚化、国际化。朋友、相聚、孤独、真心话……心灵独白式的文案，形式自由、结构清晰、语言押韵，说出了用户的心声。在内容上，走文艺路线，内涵丰富，语言质朴又不失优美，真诚传递用户心声，同时也比较直白，抒情性比较强，很能引起消费者的情感共鸣。

练习：

最新款的智能拍照手机、刚上市的功能饮料、郊区不通地铁、公交的新楼盘。请发挥你的聪明才智，为这三样产品各写一条不超过二十字的广告文案。

第七节
我们都是生活的热爱者

　　一篇好的影评首先对一部影片有客观的总体评价，让没有看过电影的人也能获得对影片的大致了解，并且认同你的观点。影评中所评论的内容必须来自影片本身，可以从故事情节、演员演技、导演功力、拍摄技巧、与同类电影的比较等任意角度切入，从点到面深入挖掘、展开评论，要抓住电影艺术的特质，力求有自己独到的见解，切忌"故事加感想"或有观点而无论证。

点石成金：

一部电影的隐显技巧：《卧虎藏龙》本事
失控现象和隐显美学

　　电影是形象的艺术，也是最容易受形象干扰的艺术。视听魅力，是双刃剑，许多导演都维持不好"形象魅力与剧作内涵"的平衡，即便经典如《英雄本色》。

　　此片在剧作上，周润发扮演的小马哥十分空洞，不过是个为朋友两肋插刀的李逵。内心最复杂的是张国荣的角色，他要弑兄，此情结重大，如古希腊悲剧一般。从戏份比例上看，周润发不过是个配角。

　　然而，电影拍下来，原本是张国荣的电影成了周润发的电影，无论张国荣的内心如何复杂，周润发贴个胶布、流点鼻血、走路瘸一下，就把戏都抢光了。新现实主义名作《洛克和他的兄弟》中的洛克在剧作上是个为了哥哥而自我牺牲的圣人，但影像效果是，洛克是个将其哥哥毁掉的阴谋家。一代天骄如维斯康蒂，也会出现偏差。

　　不过正因为有了这点偏差，才拯救了此片，否则写一个农村家庭在城市中的崩溃，结果玩出一个圣徒，如此异想天开，实在

> 开门见山抛出观点，并与另一部耳熟能详的经典影片进行比较，帮助读者快速理解和接受你的观点。

有违新现实主义初衷。因为情节和形象有了不同的指向，洛克形象变得暧昧，避免了空洞，失控反成了好事。

本文不详细分析《英雄本色》《洛克和他的兄弟》，只是以此举例，由于视听魅力的不可抗拒，许多影片是失控而成的。在每一部电影后都有一部隐藏的电影。由于电影元素众多，稍有失控，或者导演的趣味不自觉地变化了，最初的电影构思就要变味。

我们看到的大多是变味的电影，作为电影专业人士，观影的乐趣之一，就是从现成的电影中去寻找一个原味的电影。

制作电影很难贯彻始终，多少都会失控，有的剧情崩溃，有的则造成了特殊效果。还有一种电影，是严格控制，故意将最初构思隐藏起来。

中国有"文史不分家"的传统，小说发端于野史。野史曲写真事，所谓"怪话就是真话，怪事多有隐情"。所有艺术都谈"虚实"，而中国小说要论"隐显"。老派文学评论的艺术鉴赏少，索隐多，就是要找个真事实情，故事中有故事，这是中国叙事艺术的嗜好。

典型的例子是《红楼梦》，大多数人认为在玉、黛、钗的三角恋爱中，隐藏着的是乾隆时代"两个中央"的政坛秘史。周汝昌更从蛛丝马迹发现，根本就不是三角恋爱，而是一个男人的生命阶段由三个女人（还有一个史湘云）来划分，三个女人次序出现，毫不干涉。

有点醋意是情趣，写成醋海风波就俗了，后续写手甚至在后四十回玩出一条人命，让黛玉死掉。因为完全不懂"隐"了些什么，所以只好在"显"的一方面用强，一味强化情节，造成艺术水准的下跌。

……

胡金铨和李安

经上一段段落分析，《卧》片中的故事有隐情，所以片中出现了一些迥异于常规武打片的形态。

李慕白出现的第一个镜头是平静地沿着水道行走，这是胡金

影评需从影片本身出发，但是对影片充分的理解和挖掘需要从电影理论到哲学、文学、心理学的相互印证和旁征博引。

第六章 你想要的都在这里——写作的奇妙世界

铨的标志,这是文人的出场而不是大侠的出场。一般武打片的人物出场都动静很大,不是飞着就是跑着,徐克电影都是这样。李慕白的出场和《龙门客栈》的周怀安一样,这是李安在和胡金铨保持一致,表明在以武打片写中国文化。

影片的第一个建筑空间是镖局,同是表现深宅大院,李安和张艺谋全然不同。张艺谋的宅院不管有多广阔,也依然显得拥挤,后景的色彩也很扎眼,频用长焦镜头,所以前后挤在一起,消灭空间,因为他本要表现压抑,追求窒息感。而李安的构图,注意了建筑本有的对称均衡,色彩清淡,后景自然地暗蒙蒙一片,表现了"中空"感,呼吸顺畅。中国的根本医书名《黄庭经》,黄为中,庭为空,建筑绘画是中空美学,医术也以中空来治病,在传统文化中,这种意识无处不在。《卧虎藏龙》的摄影得了国际上众多大奖,与韩国电影《曼陀罗》一样,不是技术好,而是意识好。

竹林戏中多是对峙镜头。

有一种议论,说《卧虎藏龙》中的竹林打斗是抄袭胡金铨《侠女》中竹林的打斗。此说值得商榷,依笔者看来,完全不同。胡金铨的竹林打斗借鉴了日本剑侠片,气氛严峻,对峙时完全是日本风格,打斗时的剪接技巧又超越了日本片的实战性,开掘出跳跃、飞落的技巧,对动作性极尽渲染。

胡的竹林纯粹是异能奇技,而李安的竹林是在谈恋爱。甄子丹、袁和平都抱怨李安的竹林动作欠佳,因为作为武术设计师,他俩脑海中只有动作。而李安是以拍接吻戏的方法来拍武打戏的。 ← 有自己独特的观点,不落窠臼的同时可以自圆其说。

首先,李安的威亚长得过分,演员多被吊上四五层楼的高度,一拉就一两百米,如果拉不了这个长度,就用电脑动画解 ← 对一些经典场景的解读非常的深入、细致。
决。总之,人物长距离飞翔,长度一加长,节奏就慢了下来。

李安的轻功概念不是生死对决,而是男追女跑。节奏一慢,情调就从武打场面转化成了爱情场面,李慕白和玉娇龙在竹林中根本就没打几下,都是相互看相互等,节奏越来越慢,最终出现了慢镜头。

常规武打片的慢镜头是为了表现动作造型,而李安的慢镜头是男女相互凝视,甚至出现了男俯女仰这类接吻戏的镜头法,弹性十足的竹丛被李安拍成了一张大床。尤其有一个动作设计,是两人在一根竹子上僵持，玉娇龙企图将李慕白弹飞，而李慕白在竹尖丝毫不动，如猫戏鼠般微笑。这是显露武功，有高手风范，但也是在调情。

所以李安和胡金铨的竹林完全是两个路数。从《卧虎藏龙》片可以看出一点端倪，作为大众艺术的电影，其实是可以有导演的私人乐趣的，甚至这种私人乐趣还能提高艺术档次。如此，电影的结构将变得空前复杂，这不是暧昧而是玲珑。

由于在电影起步阶段，中国正逢五六十年的战乱时期，对电影基本技法的形成无力做太多贡献，但进入电影的成熟期后，中国传统的隐显美学也许能给电影带来新奇，《卧虎藏龙》便是一个征兆。

（选自徐皓峰《刀与星辰》）

一篇优秀的影评背后，是对电影理论和电影发展历史的全面了解和觉知。

练习：

请根据你最喜欢的一部电影，写一篇有结构、有内容的影评。

第八节
不做辛苦一年回到解放前的人

总结是对以往某一时期工作或活动进行的回顾和检查，肯定成绩，指出不足，从中找出经验和教训，用以指导以后实践的文书。写好总结，首先要明确以下几个步骤：

1. 对象。

不同的受众群体对总结内容有不同的侧重。

2. 类型。

确定自己是要简单地梳理工作，还是突出体现成果，抑或是着重说明问题。

3. 基调。

不管是积极的，还是消极的工作态度，都能从工作总结里的用语习惯一探究竟。

4. 结构。

可以先简要交代前期工作或活动的概况，中段详写做法、体会，略写不足，最后条理分明地写清楚今后的打算。

背景可以采用序言结构，交代概况、设置悬念。工作总结可以从工作内容、所遇问题、工作收获、未来展望等方面着手，总结前段时期的工作，如图 6-2 所示。

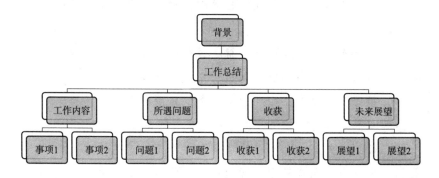

图 6-2 工作总结结构图（一）

当然也可以换一种逻辑顺序，用成果或收获来总结工作，靠工作事实来支撑论点，如图 6-3 所示。

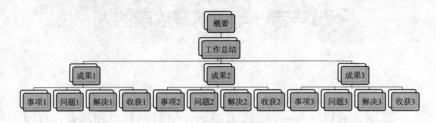

图 6-3　工作总结结构图（二）

点石成金：

XXX2018 年度工作总结

一年的工作就这样结束了，在 2018 年一年的工作中，我做到了尽职尽责。我在自己的工作岗位上付出了最大努力，一年以来坚持不懈地工作，没有出现任何的失误，也没有一次迟到早退，受到了领导和同事的称赞。在年底评选中，我被评为公司的优秀工作者，这是对我一年工作的极大褒奖。回顾一年的工作，我是这样过来的：

一、主要工作做法：

1.抓住中小企业融资主线，不断出击。业务开拓是重点，而中小企业融资业务是我工作的主线，通过不断出击，寻找业务突破点，在中小企业融资过程中结交企业界朋友。无论是担保公司工作、协会工作，还是创业投资管理，都离不开中小企业融资这条主线。

2.广泛布点，形成业务网络。银行是中小企业融资业务的主战场，当前中小企业融资仍以银行中小企业融资为主；协会、典当行、担保公司是中小企业融资业务的重要来源；网络推广对树立品牌有很好作用。相当一部分业务来自网络。

3.策划是关键，是制胜的法宝。始终坚持策划为先，抓战略策划、中小企业融资策划、营销策划、网络策划，为客户提供一流的策划。

4.抓项目不放松。深入企业内部，深入调查，与项目负责人

> 开门见山地说明个人年度工作概况，以成绩为主。

> 再说工作业绩，按条目呈现，结构清晰，有成果。

搞好关系；选择优质项目，推进项目策划，全方位营销。

二、主要工作业绩：

1．担保公司：负责一家担保公司的组建及担保业务管理，制定担保公司的制度和业务流程，带领业务人员开拓担保市场，与多家银行进行合作，并与各行业协会、省企业家协会、省民营企业家协会等建立了协作关系，形成了广泛的业务网络，为担保公司的发展奠定了基础，创造性地开办赎楼和临时过桥贷款，为担保公司前期的收益做出了贡献。

2．协会工作：培训工作人员，开通金融网站，千方百计开展业务，积极宣传协会，为会员提供投资咨询和中小企业融资顾问服务。全程主持橄榄产业化经营策划案，取得了较好的成绩。积极参与省金融博览会的会务组织。

3．创业投资管理公司：组建一家创业投资管理公司，并担任法人代表。在无资金、无品牌、市场低迷的情况下，相继筹划省招商会展中心，开拓股权中小企业融资市场，开展土地转让交易中介业务，虽然尚没有显著业绩，但摸索出了可贵的经验。

4．×××网站方案：探索中小企业融资网站新模式，筹划×××网站。网站模式和方案逐渐成形，为开拓中小企业融资工作闯出一条新路。以此为契机，推出系列行业或产品网络营销方案，为2018年的发展打下了坚实的基础。

三、存在的问题：

1．经济效益不好。前期投入多，产出少。

2．做的事不少，但常吃力不讨好。

3．热点变换快，未形成现金流量。

4．抓项目，还是抓资金？光抓一头，容易失控。

四、明年的工作：

1．做好×××的开发和运营。争取×××成为主要业务收入来源。

2．开发网络营销软件，作为新的利润来源。

3．项目中小企业融资抓重点，提高成功率。

4．拓展政府招商引资业务，为政府各方位招商引资，特别是将担保公司、基金作为招商引资的突破口。

5．抓策划，以培训促策划，开办×××培训班。

略说存在的问题，将原因较少归结于企业，多归结于自己和社会大环境。

最后明年工作计划，不用跟工作成果一样详细，能体现出自己的未来展望即可，注意结合公司年度计划。

以上是我的 2018 年工作总结。在接下来的工作中，我将继续为企业贡献力量，朝着我们共同的事业努力奋斗，共建美好未来。

（来源于"百度文库"，网址：https://wenku.baidu.com/view/3741a020b207e87101f69e3143323968011cf494.html?from=search）

练习：

请为你去年一年的兼职工作写一个年终总结。

参考文献

书籍文献：

1.[美]芭芭拉·明托.金字塔原理[M].海口：南海出版公司，2013.

2. 王琳，朱文浩.结构性思维[M].北京：中信出版社，2016.

3. 王世民.思维力：高效的系统思维[M].电子工业出版社，2017.

4. 李忠秋，刘晨，张玮.结构化写作[M].北京：人民邮电出版社，2017.

5. 李忠秋.结构思考力[M].电子工业出版社，2014.

6. 曾啸波，李忠秋.结构思考力：用思维导图来规划你的学习与生活[M].北京：人民邮电出版社，2017.

7. 陈君华.写作高分应试教程[M].北京：机械工业出版社，2013.

8.[美]劳拉·布朗.完全写作指南[M].袁婧，译.南昌：江西人民出版社，2017.

9.[美]罗伯特.布莱.文案创作完全手册[M].刘怡人，袁婧，译.北京：北京联合出版公司，2018.

10.[美]纳塔莉.卡纳沃尔，克莱尔.迈罗维茨.妙笔生花的秘密——商务写作新规则[M].程常现，肖丹，高晶，译.北京：人民邮电出版社，2012年.

11.曹林.时评写作十讲[M].上海：复旦大学出版社，2014.

12.叶圣陶.落花水面皆文章——叶圣陶谈写作[M].北京：开明出版社，2017.

13.[美]德内拉·梅多斯.系统之美[M].邱昭良，译.杭州：浙江人民出版社，2012.

14.[美]麦克伦尼.简单的逻辑学[M].赵明燕，译.北京：中国人民大学出版社，2008.

15.[英]阿尔弗莱德·希区柯克.希区柯克悬念故事[M].王强，译.北京：中央编译出版社，2009.

16. 薛瑞生．红楼梦谫论 [M]．西安：太白文艺出版社，1998．
17. 林庚．唐诗综论 [M]．北京：商务印书馆，2011．

期刊文献：

1. 夏玉桥．一字立骨巧构思 [J]．学生之友•最作文，2016（7）．
2. 施高能．谈写作中的"立骨"艺术 [J]．中学教学参考，2012（28）．
4. 谢星．祥林嫂，一个没有春天的女人 [J]．语文教育研究，2012（14）．
5. 梁多亮．文章结构的奇妙功能 [J]．成都大学学报（社科版），2004（3）．
6. 邓程．说"人"——文学语言的精确性和模糊性 [J]．文史知识，2016（6）．
7. 顾玮．品味古诗词的语言艺术探讨 [J]．语文天地，2018（1）．

互联网文献：

1. 《一文掌握 5why 分析法精髓》
https://mp.weixin.qq.com/s?__biz=MzIzNzM1MzA3NA%3D%3D&idx=2&mid=2247487211&sn=9a6dea5130beef27e089c37a017fb0b3．
2. 《谈写作的结构布局》
http://blog.sina.com.cn/s/blog_49a3f5040102vcdh.html．
3. 《你还在没头绪地写作吗？》
https://www.jianshu.com/p/df5a8830daf3．
4. 《外国作文教学给我们的借鉴与启示》
http://xueshu.baidu.com/usercenter/paper/show?paperid=49b6e490acbc5a6bf75a2cd54aa93252&site=xueshu_se．